नवगीत-निकष

सम्पादक
डॉ. उमाशंकर तिवारी
डॉ. जगदीश सिंह

वाणी प्रकाशन

वाणी प्रकाशन
4695, 21-ए, दरियागंज, नयी दिल्ली 110 002

शाखा
अशोक राजपथ, पटना 800 004

फ़ोन: +91 11 23273167 फ़ैक्स: +91 11 23275710

www.vaniprakashan.in
vaniprakashan@gmail.com

NAVGEET NIKASH
Edited by Dr. Umashankar Tiwari, Dr. Jagdish Singh

ISBN : 81-8143-211-8
Poetry

संस्करण 2010
आवृत्ति 2012
मूल्य : ₹150

मेहरा ऑफ़सेट, नयी दिल्ली-110002 में मुद्रित

वाणी प्रकाशन का लोगो मक़बूल फ़िदा हुसेन की कूची से

अनुक्रम

गीतिकाव्य का उद्भव और विकास

भारतीय साहित्य में गीतिकाव्य की एक विस्तृत और अविच्छिन्न परम्परा है। उसका बीज आदिम युग के काव्य में वर्तमान है। डॉ. जगदीश गुप्त ने गीत को कविता की आदिम ज़मीन कहा है तो कार्ल मार्क्स ने 'कविता को मनुष्यता की मातृभाषा' जिसका अर्थ यह हुआ कि गीत-कविता का संबंध धरती की कोख और माँ के दूध से है। उसकी अक्षुण्ण जीवनी-शक्ति का रहस्य भी इसी सत्य में सन्निहित है। यही कारण है कि बुनियादी नमी से भरपूर भावशबल अनुभूतियों की प्रभावपूर्ण संगीतात्मक अभिव्यक्ति को ही गीतिकाव्य की संज्ञा दी गई है। पाश्चात्य विद्वानों ने कविता की उत्पत्ति के विषय में विचार करते समय धार्मिक उत्सवों को विशेष महत्त्व दिया है। एफ. बी. गूमर ने 'ए हैण्ड बुक ऑफ पोएटिक्स' के पृष्ठ 2 पर लिखा है—'धार्मिक उत्सवों पर लोग विभिन्न ध्वनियों एवं अंग-संचालन के द्वारा पूजा किया करते थे। यही प्रथा विकसित होकर 'कला' बन गई और फिर कुछ समय के बाद 'प्रबंधकाव्य' का जन्म हुआ जिससे गीतों की उत्पत्ति हुई। इन दोनों से नाटकों का अभ्युदय हुआ और इन तीनों से अन्य वर्ग प्रस्फुटित हुए।'

विद्वानों का अनुमान है कि विश्व की सभी मानव जातियों का आदिम काव्य पहले सामूहिक नृत्य-गीत के रूप में ही रहा होगा। आदिम मानव के कलात्मक मनोविनोद के साधनों में सामूहिक नृत्य-गीत ही सर्वप्रमुख था। भारत में आज भी संथाल, मुंडा, उरांव, कोल-भील आदि जातियों के त्योहारों और उत्सवों का प्रधान अंग सामूहिक नृत्य-गीत ही है। वस्तुतः आदिमानव के कार्य-कलाप सीमित थे। कबीला ही उनका समाज था। व्यष्टि-कल्पना उसके मस्तिष्क के बाहर की बात थी। चूँकि सभ्यता के आरंभिक युग के इस नृत्य से गीत अनिवार्यतः जुड़ा हुआ था। इसलिए उसके गतिमय पदाघातों से और मुद्राओं से छंदशास्त्र का विकास हुआ। डेनमार्क के प्रख्यात विद्वान बी. गूमर के शब्दों में 'इस युग में नृत्य के बिना गीत

या गीत के बिना नृत्य संभव नहीं था। गीत-परम्परा का मूल रूप नृत्य में प्रयुक्त गीत ही था।'[1]

सभ्यता का प्रारंभ होने पर यही गीत गायक द्वारा प्रदत्त मनोरंजन का प्रतिरूप हो गया होगा जिसे भीड़ 'टेक' के रूप में अथवा समवेत गायन 'कोरस' के रूप में दुहराया करती थी। फर्डिनेन्ड बोल्ड के अनुसार 'आदिम गीतिकाव्य में टेक को महत्त्वपूर्ण स्थान प्राप्त था। उनके अनुसार 'टेक' उतनी ही प्राचीन है जितनी मानव जाति की कविता। आदिम युग में तो मुख्य रूप से पूजा, सहभोज, नृत्य, क्रीड़ा या दूसरे प्रारंभिक उत्सवों के अवसर पर गीत के भीतर की 'टेक' के माध्यम से ही समुदाय प्रत्यक्ष रूप से गायन में भाग लिया करता था।'[2]

इस प्रकार स्पष्ट है कि आदिम युग के मनुष्य की नृत्यगीतात्मक भावाभिव्यक्ति से ही सभी कलाओं एवं काव्य-रूपों का उद्‌भव हुआ। बाद में जब यही भावाभिव्यक्ति शब्द-प्रधान हो गई तो 'संगीत' से उसका संबंध क्षीण होता गया और अनेकानेक काव्य रूप परिवर्तित रूपाकार ग्रहण करते चले गए। वैदिक युग का 'स्तुति साहित्य' ऐसी ही काव्याभिव्यक्ति है जो आगे चलकर प्रबंध काव्य, मुक्तक काव्य और निबंध काव्य के रूप में विभक्त हो गया।

प्राचीन यूनानी विद्वानों ने काव्य के तीन भेद किए थे—गीतिकाव्य, महाकाव्य और नाट्यकाव्य। संगीतबद्ध गेय रचनाओं को ही वे गीतिकाव्य मानते थे। गेयता के आधार पर ही उन्होंने गीतिकाव्य के भी दो भेद किये थे।

1. वाद्ययंत्र के साथ गाये जाने वाले गीत
2. समवेत गीत (कोरस)

कालांतर में जनजातियों एवं आदिवासियों के गीतों तथा आधुनिक मध्यवर्गीय समाज में लोक-कंठ में जीवित एवं प्रचलित लोकगीतों के आधार पर 'गीतिकाव्य' के इस प्रारंभिक स्वरूप की कल्पना बड़ी आसानी से की जा सकती है—1. संगीत 2. गीत और 3. गाथा-गीत। संगीत में नाद-तत्त्व प्रधान होता है, इसलिए संगीत में रागबद्धता को प्रमुखता प्राप्त थी, शब्द-योजना पर उतना बल नहीं दिया जाता

---

1. No dance without singing and no song without a dance, songs for the dance were the earliest of all songs and melodies for the dance the oldest music of every race.....p.75 —Quoted from 'A handbook of Poetics' by B.G. Gummere
2. The refrain is as old as any poetry of the people and occurs chiefly the in, arising from direct participation of folk-songs at worship, feast, dance, games or whereever other primitive Ceremonies. p.83 —Quoted from' A handbook of poetics, by B. Gummere

था लेकिन 'गीत' शब्द-प्रधान होता था और उसमें रागबद्धता तथा नाद तत्त्व—दोनों को प्रमुखता प्राप्त थी। गाथा-गीत गेय होता था और गेयता के साथ-साथ कथानक के सम्भार से भी संयुक्त होता था। बाद में जब संगीत का काव्य से अलगाव हुआ, तब गाथा-गीत में भी कथानक की योजना कम होती गई और इसी परिवर्तित विकास-क्रम में 'गीतिकाव्य' को साहित्य के भीतर विशुद्ध रूप से स्वतंत्र काव्य-रूप का महत्त्वपूर्ण स्थान प्राप्त हो गया। लेकिन ध्यान देने की बात यह है कि 'ये 'गीत' सामाजिक होते थे। उनमें क्षणिक मनोदशा का चित्रण नहीं था बल्कि उनमें पूरा जन-जीवन आंदोलित एवं प्रतिफलित होता था। इस प्रकार गीतों के रूप में प्रकट होने वाली यह विशुद्ध चेतना काव्य का एक मौलिक तत्त्व है, जिसे गीतिमय स्वानुभूति प्रधान कल्पना कहते हैं और जो 'स्व' के माध्यम से मनुष्यता का प्रतिनिधित्व करती है।'[1]

भारत में यूरोपीय साहित्यालोचन की तरह काव्य का विवेचन या विभाजन नहीं किया गया फिर भी गीतिकाव्य के लक्षणों, विशेषताओं और प्रभेदों की दृष्टि से यदि हम छानबीन करें तो ऋग्वेद, सामवेद और अथर्ववेद के प्रायः सभी सूक्तों को 'गीतिकाव्य' कहना पड़ेगा। यजुर्वेद के गद्यबद्ध छंदों में आवृत्तिमूलक शब्द-योजना और लयात्मकता इतनी अधिक है कि कुछ विद्वान उन्हें भी गीतिकाव्य के अंतर्गत ही स्वीकार करते हैं। यही नहीं, इस युग के 'गीतिकाव्य' का वैविध्य भी दर्शनीय है। संक्षेप में वैदिक गीतिकाव्य को हम निम्नलिखित रूपों में वर्गीकृत कर सकते हैं—

स्तुति गीत, अभिचार गीत, गोचारण गीत, प्रेमगीत, व्यंग्यगीत, वीरगीत, मंगलगीत, प्रशस्ति गीत, उपालंभ गीत, कीर्तन गीत, युद्धगीत, प्रयाण गीत, राष्ट्रगीत एवं ऋतु गीत।

रामायण-काल में भारतीय काव्य लोक जीवन से पूर्णतः सम्पृक्त था। आदि कवि वाल्मीकि ने रामायण की रचना करके उसे अपने आश्रमवासियों को गाकर सुनाया तथा लव-कुश को कंठस्थ कराया। लव-कुश ने अयोध्या में राम के अश्वमेध-यज्ञ के समय उपस्थित जन समुदाय के सामने रामायण का गायन किया जिसकी परम्परा आगे चलकर कुशीलवों के माध्यम से हज़ारों वर्षों तक समाज में चलती रही। इसी तरह कृष्ण द्वैपायन व्यास ने 'महाभारत' की रचना की तथा उसे

1. T. Watt's Dunton Poetry and the renaissance of wonder P. 88 ××× The absolute Vision enables him in its highest exercise to make special individual characters other than the poet's own life in the imagined situation.

परीक्षित को गाकर सुनाया।

मध्यकाल के भारतीय काव्य की प्रवृत्ति पूर्णतः गीतात्मक थी, न केवल हिंदी में बल्कि सभी भारतीय भाषाओं में संतों तथा भक्तों द्वारा पदों का गायन तथा जनता द्वारा सामूहिक गायन की परम्परा वर्तमान रही। जयदेव, चण्डीदास, नानक, कबीर, रैदास, तुलसी, सूर, मीरा, नामदेव आदि भक्त कवियों तथा विद्यापति जैसे शृंगारी कवियों के गीतों के गायन की परम्परा अब तक चली आ रही है। उत्तर मध्यकाल मुक्तक साहित्य का युग था। इस युग में चमत्कृति पर विशेष बल दिया जाता था। इसीलिए 'गीतिकाव्य' को सहज रूप में विकसित होने का अवसर नहीं मिला क्योंकि तत्कालीन काव्य प्रवृत्ति दरबारी थी लेकिन आधुनिक युग के प्रारंभ के साथ ही गीतिकाव्य को पुनःप्रतिष्ठा प्राप्त हो गई।

विशेष रूप से छायावादी काव्य की उत्कृष्टता तो 'गीतिकाव्य' की ही उत्कृष्टता का परिचायक है। इस प्रकार सम्पूर्ण भारतीय काव्य में वैदिक युग से लेकर थेर-थेरी गाथा-काल तक तथा अपभ्रंश की रासक परम्परा एवं भक्तिकालीन पद परम्परा तक एवं संक्रांति-काल से लेकर प्रगति-प्रयोग और नई कविता-नवगीत-काल तक 'गीतिकाव्य' की एक अविच्छिन्न धारा निरंतर प्रवाहित होती रही है।

जहाँ तक अन्य विधाओं का प्रश्न है, कहा जा सकता है कि साहित्य की किसी भी अन्य विधा में 'गीत' के समान अक्षुण्ण जीवनी-शक्ति नहीं है। यही कारण है कि आज के वैज्ञानिक युग में भी मनुष्य जाति केवल 'गीतिकाव्य' को ही स्मरण-शक्ति के रूप में सुरक्षित रखकर कंठ-परम्परा में जीवित रखती है। डॉ. शंभुनाथ सिंह ने 'नवगीत अर्धशती' की भूमिका में ठीक ही लिखा है कि–

'लोकगीत हों या मध्यकालीन भक्तों के गीत, छायावादी कल्पनाशीलता के गीत हों या आधुनिक रोमानी गीत, सभी लोक जीवन में पूर्णतः व्याप्त दिखलाई पड़ते हैं। इसलिए सामाजिक मनोविज्ञान यही कहता है कि आधुनिक वैज्ञानिक और औद्योगिक युग में भी 'गीत' पूरी तरह जीवित रहेगा। जब तक मनुष्य में हँसने और गाने का गुण शेष रहेगा और जब तक मनुष्यता जीवित रहेगी, तब तक 'गीत' को कोई मार नहीं सकता है। 'यह दूसरी बात है कि परिवेशगत बदलाव, 'सोच' के परिवर्तन तथा समसामयिक चुनौतियों के प्रबल दबाव से उसके स्वरूप में भी बदलाव आता रहे।

चूँकि प्राचीन काल में कविता का विकास जन-जीवन के बीच हुआ और समाज शिक्षित एवं अशिक्षित दो वर्गों में विभक्त नहीं था, इसलिए तत्कालीन कविता में किसी एक व्यक्ति या किसी एक वर्ग की प्रमुखता नहीं रही बल्कि उसमें समाज अपनी सम्पूर्णता के साथ प्रतिफलित हुआ। वहाँ किसी एक कलाकार के व्यक्तित्व

की तलाश बेमानी है।

वस्तुतः इस जन-काव्य में विषय की ही प्रधानता थी और वह सामाजिकता से ओत-प्रोत था। आज भी दुनिया में ऐसे अनेक देश हैं जहाँ जनसमूह द्वारा ही काव्य-पाठ किया जाता है तथापि सभी देशों में एक ही व्यक्ति द्वारा काव्य-पाठ की प्रथा प्रचलित है।

लेकिन जैसे-जैसे मनुष्य सभ्य होता गया, उसकी चेतना सूक्ष्म व्यक्ति प्रधान और जटिल होती गई। एक ऐसा भी समय आया जब उसमें आध्यांतरिकता का पूर्ण समावेश हो गया और आधुनिक युग के आते-आते व्यक्ति (Individual self) को सर्वोच्च महत्ता प्राप्त हो गई। उसे राजनीतिक और धार्मिक बंधनों से मुक्ति मिली। एक ऐसा क्रांतिकारी परिवर्तन घटित हुआ कि व्यक्ति, साहित्य और कला से समादृत होकर महत्त्वपूर्ण इयत्ता बन गया। अंग्रेजी के कवि 'सिडनी' के काव्य में सर्वप्रथम स्वानुभूति का स्वतंत्र चित्रण हुआ, उसके हृदय की ध्वनि सुनाई पड़ी जो आगे चलकर उच्च कोटि के साहित्य की एक विशेषता बन गई, ऐसे गीतों का अभ्युदय हुआ जिसे आज हम गीति, गीत और प्रगीत के नाम से जानते हैं। छायावाद-युग के चरणबद्ध टेक पद्धति वाले गीत, गेयता से युक्त टेक रहित छंदोबद्ध गीतियाँ तथा छंदोबद्ध विषय-प्रधान प्रगीत इसी विकास की फलश्रुतियाँ हैं। छायावादोत्तर व्यक्तिवादी स्वच्छंदतावादी युग के बच्चन, अंचल एवं नेपाली के काव्य में तो टेक वाले प्रेममूलक गीत ही प्रमुख हो गए। उन्हें बेहद लोकप्रियता प्राप्त हुई लेकिन स्वतंत्रता-प्राप्ति के बाद जब एक व्यापक बदलाव आया तो छंदयुक्त लम्बे प्रगीतों तथा पारंपरिक गीतों का स्थान छोटे आकार वाले नवगीतों ने ले लिया। दरअसल यही वह बिंदु है जिसे 'नवगीत' के उद्‌भव जनित विकास-क्रम में रेखांकित किया जाना चाहिए।

अंग्रेज विद्वान एम. विल्किन्सन ने 'न्यू व्वायसेज' नामक ग्रंथ में लिखा है कि 'काव्य-क्षेत्र में सामाजिकता के ह्रास और आध्यांतरिकता के विकास को कवि-चेतना की प्रौढ़ता का द्योतक मानना चाहिए।'[1]

वस्तुतः यही प्रौढ़ चेतना अलिप्त और प्रबुद्ध रूप में गीति तत्त्व है। गीत में कवि की अनुभूति अति शुद्ध रूप में वर्तमान रहती है, उसकी चेतना का प्रवाह इतना तीव्र और शक्तिशाली होता है कि गीतियों की रचना अनायास हो जाती है जबकि प्रबंध काव्य और नाटकों की रचना सप्रयास होती है। यह तो सर्वमान्य

---

1. M. Wilkinson : New Voices, Newyork-1927, p. 14—"It is well to remember that Great Poetry is the result of a noble Synthesis of all the Powers of Personality."

है कि महाकाव्य का संदेश युग-संदेश होता है, उसके लिए महान प्रतिभा की आवश्यकता होती है लेकिन यह भी उतना ही बड़ा सच है कि गीत-रचना के उपरांत ही कवि को तृप्ति मिलती है या संतोष प्राप्त होता है। दुनिया जानती है कि 'रामचरित मानस' जैसे महाकाव्य के सर्जक तुलसीदास को आत्म संतोष के लिए ही 'विनय पत्रिका' की रचना करनी पड़ी थी।

दरअसल हिंदी साहित्य की सुदीर्घ गीत-परम्परा में आधुनिक गीतों की स्थिति सर्वथा भिन्न दिखलाई पड़ती है। उन्हें हिंदी के समकालीन समीक्षकों ने 'प्रगीत' कहा है। फ्रांस में प्रचलित गीतियों के प्रभाव से हिंदी में भी इनका प्रादुर्भाव हुआ। अंग्रेज़ी साहित्य के विशेष संपर्क के कारण पहले बंगला में और तब हिंदी में वर्तमान गीति-प्रणाली का विकास हुआ, यह सर्वमान्य निष्कर्ष है जिस पर अब बहस की कोई गुंजाइश नहीं है।

जहाँ तक आधुनिक गीतों के स्वरूप को देखते हुए भारतीय अभिमत या काव्यमूलक दृष्टिकोण का प्रश्न है, इसकी चर्चा सिरे से गायब है क्योंकि प्राचीन काल में इसे संगीत का अंग माना जाता था जिसके चलते संगीत-शास्त्र में ही इसका वर्णन उपलब्ध होता है। संस्कृत के आचार्यों ने तो श्रव्य काव्य और दृश्य काव्य की समालोचना करके ही अपने कर्तव्य की इतिश्री कर ली थी। डॉ. सच्चिदानंद तिवारी ने अपने शोध-प्रबंध 'आधुनिक हिंदी कविता में गीतितत्त्व' में इस ओर संकेत करते हुए लिखा है—'संस्कृत के ग्रंथों में एक ओर तो काव्य के बहिरंग पर प्रकाश डाला गया है तो दूसरी ओर विस्तारपूर्वक रस की चर्चा की गई है। लेकिन कवि ने किस मनःस्थिति में काव्य का प्रणयन किया, इस पर विचार करने की आवश्यकता किसी को नहीं हुई। वस्तुतः हमारे यहाँ काव्य के सामाजिक पक्ष को अत्यधिक प्रधानता प्राप्त हो गई थी। कवि समाज के निमित्त काव्य-रचना करते थे और उनमें सामाजिक भावनाओं को ही स्थान मिलता था। कवि ने अपनी अनुभूतियों के सामाजिक रूप को ही सदा पाठकों के समक्ष रखा, उनके व्यक्ति-प्रधान स्वरूप को कभी भी दूसरों के यहाँ तक नहीं जाने दिया। इसीलिए संस्कृत साहित्य में प्रगीत लिखे ही नहीं गए, जिनमें विषय की अपेक्षा कवि अपनी अनुभूतियों को प्रधानता दे सकता।'[1]

पाश्चात्य विद्वानों ने 'गीतिकाव्य' का विशद विश्लेषण किया। गीत और संगीत की अभिन्नता के फलस्वरूप उन्होंने भी 'सांगीतिकता' को ही उसका अनिवार्य गुण स्वीकार किया। साथ ही आध्यांतरिकता तथा भावना की सार्वभौमता को उसका

1. आधुनिक हिन्दी कविता में गीतितत्त्व—डॉ. सच्चिदानन्द तिवारी, पृ. 14-15

दूसरा तत्त्व स्वीकार किया क्योंकि उनकी दृष्टि में यह आवश्यक था कि कवि की भावना, लोक-भावना से मेल खाती हो। साथ ही भावान्विति, लघुता, उच्चकोटि की गंभीरता तथा स्वाभाविकता को अन्य अनिवार्यताओं के रूप में रेखांकित किया तथा उसके सार्वलौकिक स्वरूप को भी महत्ता प्रदान की।

इस प्रकार पाश्चात्य विद्वानों ने भी 'सांगीतिकता' को ही उसका अनिवार्य लक्षण स्वीकार किया, लेकिन मेरी दृष्टि में मात्र संगीतात्मकता के कारण ही उसे अन्य काव्य-रूपों से अलग नहीं किया जा सकता क्योंकि 'होमर' की अनेक गीतियाँ छंदों में लिखी गई थीं लेकिन गेय नहीं थीं। फिर भी गीतिकाव्य को लेकर योरोपीय विद्वानों ने जो अभिमत दिए, उनमें पर्याप्त समानता है। डॉ. ग्रोसे ने 'लिरिकल पोएट्री इन एनसाइक्लोपीडिया ब्रिटेनिका' में उसे किसी वाद्य यंत्र की संगति में गाई जाने वाली कविता का बोधक बताया तो पालग्रेव ने 'गोल्डेन ट्रेजरी' में लिखा कि गीत में किसी एक विचार, भावना या मनःस्थिति का वर्णन होता है और लघुता, मानवीय भावनाओं की अलंकृत व्यंजना तथा गतिशीलता उसकी अन्य विशेषताएँ हैं।

बाद के विद्वानों ने गीतिकाव्य के लिए 'आध्यांतरिकता' को सर्वप्रमुख गुण के रूप में लक्षित किया। निश्चित ही आध्यांतरिकता 'गीतिकाव्य' का अनिवार्य एवं विशिष्ट लक्षण है क्योंकि बिना उसके उच्च कोटि की रचना कदापि संभव नहीं है लेकिन ध्यातव्य यह भी है कि आध्यांतरिकता का अर्थ रुचि-वैचित्र्य नहीं है बल्कि उसमें सामाजिकता सन्निहित होती है। इसलिए उत्कृष्ट गीति-रचना में भावान्विति के साथ-साथ विचार का भी सन्निवेश होता है। इससे स्पष्ट होता है कि गीत, कविता का ही दूसरा नाम है। आजकल जब यह कहा जाता है कि 'गीत' में विचार होते ही नहीं, तो कहने वाले की अज्ञानता तथा नादानी पर चिंता होती है। मतलब यह कि गीत, कविता से भिन्न संज्ञा नहीं है और अच्छी गीत-रचना में निस्संदेह काव्य-कला का सर्वोत्कृष्ट रूप प्राप्त होता है। डब्लू. एच. हडसन ने 'एन इण्ट्रोडक्शन टू दी स्टडी ऑफ लिटरेचर' नामक पुस्तक में साफ लिखा है—'उच्च कोटि के गीत के लिए आवश्यक है कि उसमें उदात्त भावना हो, उसे सुंदरता के साथ विकसित किया गया हो, उसकी भाषा स्पष्ट और शब्द सुंदर एवं उपयुक्त हों।'[1]

जान ड्रिंक वाटर ने 'लिरिक' के पृष्ठ 64 पर लिखा है कि 'प्रगीत ही वास्तविक कविता है क्योंकि इसमें काव्य-चेतना अति शुद्ध रूप में पाई जाती है। यहाँ श्रेष्ठतम शब्द श्रेष्ठ रूप में सजाए जाते हैं।'[2]

1. W. H. Hudson : An introduction to the study of literature, p. 126-127.
2. John Drink Water : The Lyric, p. 64.

इस प्रकार आध्यांतरिकता एवं संगीतात्मकता को 'गीत' का प्रमुख गुण बताया गया। आधुनिक युग में आकर लघुता, क्षिप्रता एवं सांकेतिकता पर विशेष बल दिया जाने लगा।

पंडित नंद दुलारे वाजपेयी ने अपने आलोचना-ग्रंथ 'आधुनिक साहित्य' में 'प्रगीत' की विशेषताओं की विशद व्याख्या करते हुए लिखा है—'प्रगीत में कवि की भावना की पूर्ण अभिव्यक्ति होती है। उसमें किसी प्रकार के विजातीय द्रव्य के लिए स्थान नहीं रहता। प्रगीतों में ही कवि का व्यक्तित्व पूरी तरह प्रतिबिंबित होता है। यह कवि की सच्ची आत्माभिव्यंजना है। कवि के अंतःस्थल का उद्घाटन 'प्रगीत' में ही संभव है। संगीत के स्वरों की भाँति 'प्रगीत' के शब्द अपनी भावना इकाइयों से कविता का निर्माण करते हैं। उनमें शब्द और अर्थ, लय और छंद अथवा रूप और निरूप्य की अभिन्नता हो जाती है, प्रबंध काव्य, कविता का आवृत और आच्छादित रूप है, 'प्रगीत' उसका निर्व्याज निखरा हुआ स्वरूप है।'

हिन्दी गीतिकाव्य का विकास/उद्गम-सन्दर्भ

प्रसिद्ध समाजशास्त्री डॉ. श्यामाचरण दुबे की बहु प्रशंसित पुस्तक 'परम्परा, इतिहास-बोध और संस्कृति' के लोक और संस्कृति खण्ड के अनुसार ' 'कलाओं' का प्रथम चरण लोककलाओं से जुड़ा है और लोककलाएँ सामुदायिक भावों की अभिव्यक्ति हैं। लोककला निरंतर गतिशील होती है। उसी में नए काव्य-रूप फूटते हैं, मिथक पनपते हैं और विश्वास महाकाव्य बनते हैं। इसी अर्थ में लोक संस्कृति, सदानीरा होती है।' इस उद्धरण में 'सामुदायिक भावों की अभिव्यक्ति' जैसा पद-समूह महत्त्वपूर्ण है और गीतिकाव्य के उद्गम की ओर संकेत करता है। आदिम युग से ही लोक-जीवन में सामूहिक नृत्य-गीत की पद्धति प्रचलित थी और 'टेक' की पंक्ति को दुहराने की प्रक्रिया चलती रहती थी। सामूहिक गीत की एक प्रमुख पंक्ति की पुनरावृत्ति तथा टेक दुहराने की प्रथा इस बात का प्रमाण है कि इस देश में गीतियों का विकास लौकिक जीवन की सुख-दुःखमयी अनुभूतियों के आधार पर ही हुआ होगा।

डॉ. शिवमंगल सिंह 'सुमन' ने अपने शोध-प्रबंध 'गीतिकाव्य का उद्गम और विकास' में लिखा है कि 'संस्कृत साहित्य में वैसे प्रगीत लिखे ही नहीं गए जिनमें कवि विषय की अपेक्षा अनुभूतियों को प्रधानता देता। इसीलिए हिंदी गीतिकाव्य के विकास में महत्त्वपूर्ण योगदान अपभ्रंश का है न कि संस्कृत का। भारतवर्ष में प्राचीन गीतों का विकास निश्चित रूप से लोकगीतों से ही हुआ है। पालि, प्राकृत, अपभ्रंश—सभी में लोकगीत मिलते हैं और इन्हीं के प्रभाव से

गीतों का प्रणयन प्रारंभ हुआ।'

इस प्रकार स्पष्ट हो जाता है कि जिस प्रकार और जिस मात्रा में प्राचीन गीतों के संदर्भ में डॉ. शिवमंगल सिंह 'सुमन' का निष्कर्ष सही लगता है, उसी प्रकार और उसी मात्रा में आधुनिक हिंदी गीतों के संदर्भ में भी सही लगता है। निश्चित रूप से आधुनिक हिंदी गीतिकाव्य के विकास में 'लोकगीतों' की भूमिका अत्यधिक महत्त्वपूर्ण है। भारतीय लोकजीवन में शताब्दियों से प्रचलित लोकगीत ही आधुनिक हिंदी गीतों के उद्गम भी हैं और प्रवाह भी क्योंकि डॉ. श्यामाचरण दुबे ने 'परम्परा, इतिहास-बोध और संस्कृति' में परम्परा को परिभाषित करते हुए एक और महत्त्वपूर्ण संकेत दिया है कि 'परम्परा का विकास आगे ही नहीं होता, आगे की ओर ही नहीं होता, विपरीत और चक्राकार भी होता है और परम्परा ही वह 'भूमि' है जिसे हम छोड़ते नहीं बदलते हैं।' यह कथन इस बात का प्रमाण है कि हमने हिंदी गीतिकाव्य के विकास में परम्परा की बदलती हुई भूमि के साथ अपना उपजीव्य ग्रहण किया है और 'नवगीत' तक पहुँचते-पहुँचते उसका बहुत कुछ अतिक्रमण भी किया है। इसीलिए डॉ. शंभुनाथ सिंह ने 'नवगीत अर्धशती' की भूमिका में इस बात का उल्लेख करते हुए स्पष्ट किया है कि 'जब काव्य शिष्ट समाज की अभिरुचियों, परम्पराओं एवं शास्त्रीय नियमों में बँधकर घिसा-पिटा और बासी हो जाता है तो प्रातिभ कवि लोक काव्य के अनेक तत्त्वों को अपनाकर कविता को लोक जीवन से जोड़ते हैं। गीतिकाव्य में यह बात सबसे अधिक दिखलाई पड़ती है। इस प्रक्रिया में एक सीमा तक गीति विधा का कायाकल्प तक हो जाता है।'[1]

आधुनिक हिंदी गीत के विकास-क्रम में यह सत्य पूर्ण रूप से प्रतिफलित होता हुआ-सा दिखलाई पड़ता है क्योंकि आधुनिक युग के प्रारंभ के साथ ही हिंदी में पारंपरिक गीतिकाव्य का नवीनीकरण होने लगा था और संक्रांतिकालीन कवि तो इस दिशा में विशेष जागरूक था। प्रमाण-स्वरूप भारतीय हिंदी नवजागरण के अग्रदूत भारतेंदु बाबू हरिश्चंद्र का निम्नलिखित वक्तव्य देखा जा सकता है—'सामाजिक एवं राष्ट्रीय विषयों पर हिंदी की उपभाषाओं या बोलियों में लोक प्रचलित गीतों की रचना करके उन्हें जनता में वितरित करना चाहिए ताकि जन-जागृति उत्पन्न हो सके।'[2]

यही कारण है कि भारतेंदु बाबू हरिश्चंद्र, प्रेमघन तथा प्रताप नारायण मिश्र ने मध्यकालीन पद गीतों की शैली छोड़कर होली, कजली, बिरहा, आदि की रचना

---

1. डॉ. शम्भुनाथ सिंह : नवगीत अर्धशती, पृ. 5
2. भारतेन्दु हरिश्चन्द्र : भारतेन्दु ग्रंथावली

प्रभूत मात्रा में की। यही नहीं अपने लोकाश्रित गीतों में नया रक्त-प्रवाह लाने के लिए भारतेंदु मण्डल के सभी कवियों ने पूर्ववर्ती पद परम्परा, लोकगीत परम्परा, उर्दू गीतिकाव्य की परम्परा तथा पाश्चात्य गीति परम्परा से प्रभाव एवं प्रेरणा ग्रहण करके गीति शैली में नवीनता लाने का भरपूर प्रयास किया। भारतेंदु जी द्वारा लिखी गई ग़ज़लें, उनके कतात, मुसद्दस या मुखम्मस की शैली में लिखे गए शीर्षकयुक्त प्रगीत तथा होली एवं ऋतुगीत की शैली में लिखे गए उनके व्यंग्य गीत इसके प्रत्यक्ष उदाहरण हैं। 'देखी तुमरी काशी' भारतेंदु की बेजोड़ रचना है। द्विवेदी युगीन या पुनरुत्थान के काव्य में सामाजिकता एवं लोक व्यवहृत भाषा की नवीनता वर्तमान थी लेकिन उसकी इतिवृत्तात्मकता गीति काव्य के विरुद्ध पड़ती थी। फिर भी श्रीधर पाठक और रामचरित उपाध्याय जैसे गीत कवियों में जो देश-प्रेम एवं नवजागरण का भाव था, वह केंद्रीयता लिए हुए तो था लेकिन उसमें गीतिविधा वाली आत्माभिव्यंजकता नहीं थी।

इसलिए उस समय 'नवगीत' जैसी प्रयोगधर्मी विधा के लिए कोई जगह नहीं थी। डॉ. शंभुनाथ सिंह ने इस काल के गीतिकाव्य की विवेचना के क्रम में लिखा है कि 'छायावाद के प्रारंभ के साथ 'गीतिकाव्य' का नया उन्मेष अवश्य हुआ पर छायावादी काव्य में आध्यात्मिकता, आदर्शवाद और कल्पना की अतिशयता का इतना आधिक्य था कि वह सामान्य जन के मानस को आकृष्ट नहीं कर सका। वस्तुतः वे 'एलीट' की जीवनानुभूति और चिंता-धारा से सम्बद्ध थे। इस कारण छायावादी गीतों में 'नवगीत' की एक भी विशेषता वर्तमान नहीं थी। निम्न मध्यवर्गीय या निम्नवर्गीय शिक्षित समाज के लिए छायावादी काव्य, प्रलाप एवं अबूझ पहेली जैसा था। द्विवेदी युग में हिंदी कविता रीतिकालीन रूढ़ियों को तोड़कर सामान्यजन-जीवन की जिन समस्याओं की ओर मुड़ी थी, उन्हें छायावादी कवियों ने सर्वथा त्याग दिया। छायावाद के आलोचकों ने इसी को स्थूल के प्रति सूक्ष्म का विद्रोह कहा फिर भी छायावादी काव्य में शृंगारकालीन ब्रजभाषा काव्य एवं द्विवेदी युगीन इतिवृत्तात्मक काव्य की तुलना में जो नवीनता एवं ताज़गी थी, उसके कारण छायावादी गीतों की एक प्रबल धारा उमड़ पड़ी।'[1]

उपर्युक्त उदाहरण में जो निष्कर्ष दिए गए हैं, उनसे बहुत दूर तक सहमत होने के बावजूद लगता है कि दो-एक बातों में नकारात्मक रुख अपनाया गया है—जैसे निम्न मध्यवर्गीय या निम्नवर्गीय समाज के लिए छायावादी काव्य प्रलाप या अबूझ पहेली-जैसा था, छायावादी गीतों में नवगीत की एक भी विशेषता वर्तमान

---

1. डॉ. शम्भुनाथ सिंह : नवगीत अर्धशती, पृ. 1

नहीं थी अथवा छायावादी आलोचकों ने इसी को स्थूल के प्रति सूक्ष्म का विद्रोह कहा। यद्यपि यह वास्तविकता है कि छायावादी काव्य 'एलीट' द्वारा 'एलीट' को सम्बोधित था लेकिन ऐसा पाश्चात्य काव्य-चिंता की प्रेरणा एवं प्रभाव के चलते था और इसीलिए उसके प्रति लोगों के मन में आकर्षण का भाव भी था, ज्यादा समझ में न आते हुए भी लोग उसे अबूझ पहेली नहीं मानते थे। दूसरे, स्थूल के प्रति सूक्ष्म का विद्रोह मात्र इसीलिए नहीं था जिसे शंभुनाथ जी ने निरूपित किया है। तीसरे, उसमें 'नवगीत' की कोई विशेषता नहीं थी। ऐसा भी कहना युक्ति संगत नहीं है क्योंकि छायावादी कवि अपने को निरंतर बदलते हुए से दिखलाई पड़ते हैं। प्रकृति के साथ तादात्म्य और नए उपमान तथा बिम्ब-प्रतीकों का प्रयोग भी आगे चलकर स्वयं छायावादियों के लिए परिवर्तन और ताज़गी लाने का साधन बनता है। और इसीलिए अपने निष्कर्ष के अंतिम हिस्से में वे उनकी नवीनता और ताज़गी की प्रशंसा करते हैं तथा निराला के परवर्ती गीतों को 'नवगीत' का उत्स भी स्वीकार करते हैं। फिर भी शंभुनाथ जी का यह कथन सत्य है कि 1920 से 1940 के भीतर ही छायावादी कथ्य घिस-पिटकर इतना बासी और उबाऊ हो गया कि उसकी नवीनता और ताज़गी एकदम लुप्त हो गई। 'अर्धशती की भूमिका' में शंभुनाथ जी आगे लिखते हैं कि 'छायावादी काव्य के शिखर चतुष्टय—प्रसाद, पंत, निराला और महादेवी ने हिंदी काव्य को भक्तिकालीन कवियों के महान स्तर तक पहुँचा दिया। भक्तिकालीन काव्य जन-मानस से सीधे जुड़ा हुआ था। जबकि छायावादी काव्य संस्कृत के अलंकृत काव्यों की तरह केवल विशिष्ट वर्ग तक ही सीमित रह गया।'[1]

वस्तुतः शंभुनाथ जी की समालोचना का बिंदु सही है और उनका मंतव्य स्पष्ट है कि 1940 के बाद के काल-खण्ड को वह छायावाद-युग न मानकर छायावादोत्तर काल मानते हैं। उन्होंने 'नवगीत अर्धशती' की भूमिका में स्पष्ट लिखा है कि छायावाद के द्वितीय चरण में यानी 1940 के आस-पास छायावादी काव्य-धारा बिल्कुल क्षीण हो गई। इसका परिणाम यह हुआ कि उत्तर छायावादी युग के युवा कवियों के सामने विद्रोह के सिवा और कोई विकल्प बचा ही नहीं। संभवतः यही वह बिंदु है जहाँ से 'गीतांतर' घटित हुआ। बच्चन, नरेंद्र शर्मा, भगवती चरण वर्मा, अंचल और नेपाली आदि युवा कवियों ने व्यक्तिगत जीवन के यथार्थ, आशा-निराशा, वैयक्तिक वेदना, स्थूल सौंदर्यानुभूति तथा प्रेम-भावना को बोलचाल की भाषा में व्यक्त करना प्रारंभ किया। इस प्रकार सहज रूप से इन गीतों को जनाधार प्राप्त हो गया और बच्चन एवं गोपाल सिंह नेपाली के गीत देखते-देखते

1. डॉ. शंभुनाथ सिंह : भूमिका—नवगीत अर्धशती, पृ. 8

लोकप्रिय हो गए।

दरअसल व्यक्तिवादी स्वच्छंदतावादी गीतकारों में बच्चन शिखरस्थ कवि हैं और वे बहुत दूर तक छायावादोत्तर काल की इस गीत-धारा को प्रभावित भी करते हैं। उनके विकसमान कवि-व्यक्तित्व पर विद्वानों ने कुछ सार्थक टिप्पणियाँ की हैं। उनपर पूर्णतः विचार करने के बाद कहा जा सकता है कि छायावाद से अलग बच्चन जी का विकसमान वैशिष्ट्य उनकी प्रारंभिक रचनाओं से ही झलकने लगता है। कवि कल्पना के झूले पर सवार तो है लेकिन स्वातंत्र्य-आंदोलन की प्रतिध्वनि भी उन कविताओं में स्पष्ट सुनाई पड़ती है। कवि कभी मातृ मंदिर में निष्काम समाधि लगाता है तो कभी पाञ्चजन्य पर गान फूँकने का आह्वान करता है। लेकिन दूसरे सोपान पर पहुँचने के बाद उसमें वेदना का स्वर प्रमुख हो जाता है। वह विश्व-द्वंद्व को निरर्थक मानकर त्याग देता है, भागकर नहीं। उसे सहारा देती है तो सिर्फ खय्याम की मधुशाला, जिसके बारे में उसने स्वयं लिखा है कि 'उमर खय्याम ने रूप-रंग-रस की दुनिया ही मेरे सामने प्रस्तुत नहीं की, विचार और कल्पना के नए आयाम खोल दिए।'[1]

'हाला के उद्दाम प्रवाह में आने पर वह योगी मन से यह कहने पर विवश होता है कि 'यह अपनी कागज की नाव। तट पर बाँधो, आगे न बढ़ो। ये तुम्हें डुबा देंगी।' लेकिन 'मधुकलश' तक आते-आते उसके लिए खय्याम के खेमे उखड़ने लगते हैं क्योंकि यहीं से कवि के सपनों के बिखरने की प्रक्रिया प्रारंभ हो जाती है। इसके विपरीत 'माँझी' और 'लहरों का निमंत्रण' की कविताएँ विकट परिस्थितियों से जूझने के अजेय पौरुष की प्रतीक बनकर आती हैं, लेकिन 'निशा-निमंत्रण' में फिर अंधकार की चुनौतियाँ उसके सामने उपस्थित हो जाती हैं। यद्यपि उस मनोदशा में जीवन की नित्य अनुभूत होने वाली घटनाओं के साथ जीवंत निकटता का बोध सामने आता है फिर भी स्वप्न-मेघ, 'निशा-निमंत्रण' की सबसे बड़ी त्रासदी है। 'एकांत संगीत' अपने सुख-दुःख के बोझ को अलग-अलग ढोने की पीड़ा है और जीवन के शाश्वत प्रश्नों पर प्रश्नाकुल चिंता-दृष्टि एवं गतिशील संघर्ष का नया व्याकरण। इसके बाद उसके सामने आता है 'बंगाल का अकाल' जो कवि के काव्य-विकास में महत्त्वपूर्ण स्थान रखता है।'[2]

इस प्रकार बच्चन की कविता-यात्रा उद्दाम जीवन-धारा की तरह उठती-गिरती,

---

1. डॉ. उमाशंकर तिवारी : गीतांतर—टिप्पणी भाग, पृ. 58
2. वही।

अपना रास्ता बनाती चलती है। प्रसिद्ध अंग्रेज़ी के कवि ब्लेक के शब्दों में—'विशिष्ट वैयक्तिकता ही काव्य-कला की उच्चतम परिकल्पना है।'

इस आधार पर 'बच्चन' छायावादोत्तर काल के प्रथम बड़े कवि हैं जिनका प्रवेश ही 'ऐण्टी छायावादी' स्वर में होता है। वायवी आदर्श की जगह नवयथार्थ, दार्शनिक मुद्राओं की जगह सहज जीवन-भोग, सांस्कृतिक आभिजात्य की जगह मध्यवर्गीय जीवन की आशा-निराशा और संघर्ष, शिल्प की बारीक नक्काशी, मृदु-मनोहर भाषा की जगह सीधी-सादी भाषा और जनता के बोलचाल के मुहावरे का प्रयोग।

इस प्रकार हम देखते हैं कि छायावादी गीतों की तुलना में बच्चन के तथा उनके समकालीन अन्य कवियों के गीत सहज-संवेद्य तो थे ही, नये और टटके भी थे। सचमुच ऐतिहासिक बदलाव की दृष्टि से स्वतंत्रता-प्राप्ति के पूर्व का यह दशक बेहद महत्त्वपूर्ण है। यह कालखण्ड इसलिए भी विचारणीय है कि इस दौरान स्वतंत्रता-प्राप्ति के साथ ही राष्ट्रीय काव्य-धारा बहुत कुछ नाम शेष रह जाती है। प्रगतिवादी गीतिकाव्य राजनीति की प्रमुखता के कारण शीघ्र ही लुप्त हो जाता है, प्रयोगवादी काव्य 'राहों का अन्वेषण' कर रहा होता है। इसलिए व्यक्तिवादी स्वच्छंदतावादी गीति-धारा ही हिंदी कविता की मुख्य धारा बन जाती है लेकिन यह दौर भी लम्बा नहीं चल पाता क्योंकि सस्ती, भावुकता एवं रोमानी मनोवृत्तियों के कारण वह इतना सतही और बाज़ारू हो जाता है कि काव्य की गंभीरता ही प्रश्नों के घेरे में आ जाती है। मंच के व्यावसायिक समीकरणों से जुड़ने तथा मनोरंजन को लक्ष्य मान लेने के कारण ये गीत-कवि नवोन्मेष और ताज़गी खो बैठते हैं। यही नहीं, आलोचकों की भृकुटियाँ तन जाती हैं और एक इतना बड़ा गैप निर्मित हो जाता है कि उसका कुफल नयी कविता-काल में नवगीतकारों को गीत के अस्तित्व मूलक संघर्ष के दौरान भोगना पड़ता है। सच्चाई तो यह है कि व्यक्तिवादी स्वच्छंदतावादी गीतकारों के साथ-साथ प्रगति-प्रयोग के कवियों का भी 'नवगीत' के विकास में योगदान है। वे चाहे नागार्जुन, त्रिलोचन, भारतभूषण, केदारनाथ अग्रवाल जैसे नयी कविता के बड़े कवि ही क्यों न हों?

निष्कर्ष यह कि स्वतंत्रता-प्राप्ति के बाद वाला दशक 'दिशांतर' का प्रतीक बनकर उपस्थित होता है क्योंकि इस काल-खण्ड में सभी काव्य-प्रवृत्तियों का संश्लेषण होता है। प्रबुद्ध रचनाकार पहली बार एकजुट होकर एक नयी 'काव्य-धारा' का उद्घोष करते हैं जिसका नाम था 'नयी कविता'। इलाहाबाद की 'परिमल' नामक संस्था तथा डॉ. जगदीश गुप्त की 'नयी कविता' नामक पत्रिका यह ऐतिहासिक कार्य सम्पन्न करती है। ध्यान देने की बात यह है कि इस नयी काव्य-धारा में मुक्तछंद एवं छंदमुक्त शैली में लिखी गई रचनाएँ तो थीं ही, छंदोबद्ध गीत, प्रगीति

चतुर्दशपदी आदि भी सम्मिलित थे और मिल-जुलकर यदि रचना-कर्म आगे बढ़ा होता तो समकालीन साहित्य और अधिक समृद्ध एवं पुष्ट हुआ होता लेकिन 'अज्ञेय' जी द्वारा सम्पादित 'तीसरा सप्तक' के प्रकाशन के बाद ही अनेक साहित्यिक पालिमिक्स उभरकर सामने आ गए। इसका दुष्परिणाम यह हुआ कि 'नयी कविता' और 'नवगीत' की दो भिन्न धाराएँ स्पष्ट रूप से अलग-अलग प्रवाहित होने लगीं।

'नयी कविता' के शिल्प से भिन्न छंद-प्रसंग से जुड़ी यथार्थ-बोध की कविता को 'नवगीत' का नाम दिया गया। 'नवता' की शुरुआत तो छायावादियों ने ही कर दी थी। इसलिए 'नवगीत' का उद्गम ढूँढ़ने के लिए हमें निश्चित रूप से छायावाद-युग के दूसरे चरण तक जाना होगा क्योंकि 'नवगीत' का बीज और कहीं नहीं, छायावाद-युग की कविता में ही वर्तमान है और महाप्राण निराला ही 'नयी कविता' की भाँति 'नवगीत' के भी प्रथम उन्नायक हैं। उन्होंने ही पहली बार परम्परागत भाषा, घिसे-पिटे छंदों एवं भावों के प्रति विद्रोह करके आम जनता की भाषा में बिंबों एवं प्रतीकों के माध्यम से यथार्थ जीवन की कटु-तिक्त अनुभूतियों को स्वर देने का सार्थक और सफल प्रयास किया था। इस संदर्भ में कथाकार एवं आलोचक दूधनाथ सिंह की निम्नलिखित टिप्पणी महत्त्वपूर्ण है–

'निराला के गीतों का भावफलक न सिर्फ बहुआयामी और विस्तृत है, न सिर्फ उसमें संघर्षरत आम जन की धड़कनें ध्वनित हैं, बल्कि उनके रचाव के उत्स में अवधी और ब्रज का लोक-जीवन भी है, जिससे उनके गीत एक विशेष भावभूमि की अपेक्षा जनसामान्य की विचार-भूमि के संवाहक बने। उनके गीत जटिल होते जीवन की गहन अनुभूति लिए सुख-दुःख, राग-विराग, छल-प्रवंचना, मानव-मन का अंतर्विरोध, सामाजिक विसंगति, वैषम्य, अभाव, पीड़ा, शोषण, हार-जीत, भक्ति और दैन्य आदि विविध आयामों सहित समकालीन समय-बोध से अधिकाधिक सम्पृक्त (इन्वाल्व) होने के कारण परम्परित गीत में एक नया प्रयोग करते मिले। निराला के तईं गीत लिखने का अर्थ (परम्परित) गीत-परम्परा का निर्वाह भर न था, बल्कि गीत जैसी अल्पकाय विधा में काल-बोध को समेटने की चुनौती भी थी। गौर करने की बात यह है कि गीत के शिल्प को लेकर भी निराला लोकगामी न हुए। छंद-मुक्ति के क्रांतिकारी और ऐतिहासिक दायित्व का निर्वाह कर नितनूतन राह और अभिनव लीक के अन्वेषी निराला में गीत की बहुविध रूपाकृतियाँ देखने को मिलती हैं। इतनी बहुविध कि 'लिखन बैठि जाकी सबी, गहि गहि गरब गरूर' वाली मुद्रा में समालोचक, शिल्प, भाषिक संरचना, गीति का शास्त्रीय तत्त्व और विषयगत वैविध्य के आधार पर उनके गीतों का विभाजन लगभग असंभव मानते हैं।'[1]

---

1. दूधनाथ सिंह : 'निराला-आत्महंता आस्था', पृ. 31

वस्तुतः 'निराला' एक कालजयी रचनाकार हैं। उन्होंने अपनी नवोन्मेषशालिनी प्रतिभा, असीम ऊर्जा, काल-बोध, इतिहास-दृष्टि, सांस्कृतिक चेतना और समसामयिक यथार्थ की गहन सूझ-बूझ के बल पर अपनी रचना में भविष्यत्-रचना का आभास दिया है। उदाहरण के लिए 'नयी कविता' का प्रारंभ भले ही प्रयोगवादी दौर के बाद 1950 के आस-पास हुआ हो, 'निराला' ने 1935 में ही मुक्त छंद में जिस 'तोड़ती पत्थर' शीर्षक की रचना की थी, उसमें 'नयी कविता' की भंगिमा वर्तमान थी। इसी प्रकार 'नवगीत' का जन्म भले ही 1950 के बाद हुआ हो, 'अनामिका', 'बेला' और 'नये पत्ते' की गीत-पंक्तियों में उसका बीज वर्तमान है।

दरअसल 'निराला' का व्यक्तित्व विद्रोही था और इसी नाते विभाजित भी। प्रारंभ से ही उनमें एक ओर तो प्रबल आध्यात्मिक और अमांसल जीवन-दृष्टि वर्तमान थी जो उनके जीवन के अंतिम काल में 'आराधना' और 'गीतगुंज' में आकर शांत एवं निर्मल भक्ति-भावना में बदल गई तो दूसरी ओर उनमें विद्रोह-भावना, यथार्थ जीवन-दृष्टि और नवोन्मेषशालिनी प्रतिभा का वह प्रखर स्रोत वर्तमान था जो उत्तरोत्तर अग्रतर होता हुआ क्रमशः 'कुकुरमुत्ता', 'अणिमा', 'बेला', 'नये पत्ते, 'अर्चना', 'आराधना' और 'गीत-गुंज' में जन-जीवन की सामान्य अनुभूति तथा व्यक्ति-चेंतना की अछूती और अद्वितीय अनुभूतियों से समन्वित होकर एक महानद में बदल गया। इस दूसरी धारा का विद्रोही व्यक्तित्व ही 'नवगीत' का प्रस्तोता है। 'अनामिका' का बहुत दिनों बाद 'खुला आसमान' तथा 'रे कुछ न हुआ तो क्या' जहाँ बोल-चाल की भाषा का प्रतिमान बनता है, वही 'बेला' का 'बाहर मैं कर दिया गया हूँ' शीर्षक गीत 'अजनबीपन' को व्यक्त करता-सा दिखलाई पड़ता है। यही नहीं, उनके विद्रोही व्यक्तित्व का बाह्य स्वरूप यदि 'बेला' के 'आ रे गंगा के किनारे', 'भीख माँगता है वह राह पर' तथा 'जल्दी जल्दी पैर बढ़ाओ' शीर्षक गीतों में अँधेरे का ताला खोलकर नया पाठ पढ़ाता हुआ दिखलाई पड़ता है तो वहीं छिपे हुए को उभारने वाला उनका वास्तविक व्यक्तित्व भी उसी संग्रह के 'सहज चाल चलो उधर' शीर्षक गीत-रचना में मिलता है। वस्तुतः सहजता में ही 'निराला' के गीतों के बंद, कमल की पंखुरियों की तरह खुलते हैं। 'अनामिका' के गीतों में तो उन्होंने कई प्रकार के प्रयोग किये हैं—कहीं शास्त्रीय संगीत के ताल-स्वर के साथ, कहीं लोक गीतात्मक धुनों के आधार पर, कहीं उर्दू की बहरों का सहारा लेकर तो कहीं भक्ति परक भजनों का 'पाथेय' बाँधकर। 'अनामिका' का 'स्नेह निर्झर बह गया है' तथा 'बेला' का 'आए पलक पर प्राण कि बंदनवार बने तुम' शीर्षक गीत-रचनाएँ इस दृष्टि से उल्लेखनीय हैं। इन गीतों में छोटे छंद, सरल मुहावरेदार भाषा, लोक-जीवन के संदर्भ तथा गहरी और तीव्र अनुभूतियों के कारण ऐसे वातावरण की सृष्टि हुई है

जो सहज ही पाठक को एक नए अनुभव के भाव-स्तर पर पहुँचा देता है। 'अर्चना' के उनके दो गीत–'अँट नहीं रही है' तथा बाँधो न नाव इस ठाँव बंधु' इसी तरह के गीत हैं जिनमें 'नवगीत' के तत्त्व वर्तमान हैं।

निष्कर्ष यह कि 'नवगीत' का उत्स निश्चित रूप से 'निराला' के काव्य में वर्तमान है। 'नवगीत : संवेदना और शिल्प' के लेखक डॉ. सत्येंद्र शर्मा ने भी इसी तरह का निष्कर्ष अपने शोध-प्रबंध में दिया है–'निराला के यहाँ आधुनिक प्रतिमानों के आधार पर सौ टंच 'नवगीत' चाहे न मिलें किंतु उनके अधिकांश गीतों में वह अंतर्वस्तु और तेवर विद्यमान हैं जो भविष्य में 'नवगीत' की सार्थक पृष्ठभूमि बनते हैं।''[1]

नवगीत का प्रादुर्भाव

'नवगीत' का प्रादुर्भाव वस्तुतः स्वातंत्र्योत्तर काल के प्रथम चरण में यानी सन् 1950 के बाद ही हुआ। निस्संदेह 'निराला' के परवर्ती गीतों में 'नवगीत' के बीज वर्तमान हैं और यह भी एक बड़ी सच्चाई है कि उनमें नवीनता का आग्रह सबसे प्रबल था। उनकी नव गति, नव लय, ताल-छंद नव जैसी गीत-पंक्ति इसका सबसे बड़ा प्रमाण है फिर भी 'निराला' के मन में उस समय 'नवगीत' का कोई 'कान्सेप्ट' नहीं था या 'नवगीत ऐज सच' क्या होगा, यह उन्होंने नहीं सोचा था, वह तो अभी सर्वतंत्र स्वतंत्र होने की बात कर रहे थे और छंद-मुक्ति में लगे हुए थे। 'नवगीत' निश्चित रूप से उनके बाद की चीज है। इस युग के एक और महत्त्वपूर्ण कवि माखनलाल चतुर्वेदी ने भी गीत-विधा में नये प्रयोग किए हैं। जिसके आधार पर उनके काव्य-संग्रह 'बीजुरी काजर आँज रही' और 'वेणु लो गूँजे धरा' के कई गीतों में 'नवगीत' की छाया ढूँढ़ने के प्रयास किए गए हैं लेकिन मेरा विनम्र मत है कि माखनलाल जी के वैष्णव व्यक्तित्व में रहस्य-चेतना और राष्ट्रीयता के स्वर ही प्रमुख हैं, कहीं-कहीं बदली हुई भाषा, अनलंकृति, लोक-जीवन की रंगारंग छवियाँ या बिम्ब-विधान की ताज़गी झलकती हो तो इससे इनकार नहीं किया जा सकता। छायावादोत्तर काल के गीतकार 'बच्चन' ने भी लोक-संदर्भ से जुड़े अनेक गीत लिखे हैं। टेकनीक की दृष्टि से सर्वाधिक गीत-प्रयोग भी उन्होंने किये हैं और उनका 'गीत' के क्षेत्र में योगदान भी महत्त्वपूर्ण है लेकिन उनके गीत व्यक्तिगत परिस्थितियों एवं घटनाओं में परिसीमित हैं। उनमें उमंग की रोमानियत तो है लेकिन भारतीय लोक-जीवन के करुण अवसाद तथा कटु यथार्थ का नितांत अभाव है। इस संबंध

---

1. डॉ. सत्येंद्र शर्मा : नवगीत : संवेदना और शिल्प, पृ. 27

में डॉ. सत्येंद्र शर्मा की निम्नलिखित टिप्पणी सार्थक एवं समीचीन है।

'गीत की टेकनीक को लेकर सर्वाधिक नये-नये प्रयोग करने वाले गीतकारों में 'निराला' के बाद 'बच्चन' हैं। उनकी भावधारा का सातत्य दिखलाई पड़ता है। शिल्प में भी निरंतर नयापन रहा है। भाषा की दृष्टि से गीत को जन-ग्राह्य बनाने का श्रेयस्कर कार्य भी उन्होंने किया है। गीत के रचना-संसार में उनके ये चार कार्य महत्त्वपूर्ण हैं। प्रथम, उन्होंने गीत-भाषा को जन-जीवन के निकट ला दिया, दूसरा नया छंद (टेक, आरोह-अवरोह) और लय की अनुभूति को ताज़गी दी। तीसरे लोकधुनों और लोक-लय पर आधारित गीत लिखे, चौथे, गीत में संवाद-योजना या बोल-चाल की सृष्टि कर जनरुचि को आकृष्ट किया।'[1]

कहने का अभिप्राय यह कि 'निराला' के समकालीन रचनाकारों या छायावादोत्तर गीत-कवियों में 'नवगीत' के बीज तलाशना सहज विकास की प्रक्रिया के चलते तो ठीक है वरना उसका सही स्वरूप सन् 1950 के बाद की कविता में ही दिखलाई पड़ता है और वह भी 'नयी कविता' के समानांतर। यही कारण है कि मैं बलपूर्वक कहना चाहता हूँ कि 'नयी कविता के शिल्प से भिन्न छंद-प्रसंग से जुड़ी यथार्थ-बोध की नयी कविता का नाम ही 'नवगीत' है।' नयी कविता की भाँति 'नवगीत' भी परिमल-कालीन है और 1950 के बाद ही प्रचार में आया। यह भी तय है कि किसी एक व्यक्ति ने इसका नामकरण नहीं किया। बदलाव की आवेगपूर्ण छटपटाहट के बीच यह शब्द अचानक उस समय के रचनाधर्मियों की जबान पर आ गया और इसमें भी कोई दो राय नहीं कि यह अभूतपूर्व घटना बनारस में ही घटी। बनारस उस समय गीत-रचना के केंद्र में था और शंभुनाथ जी अपने समकालीनों के बीच एक श्रेष्ठ प्रयोगधर्मी गीत-हस्ताक्षर के रूप में प्रतिष्ठित थे। यह ऐसा समय था जब आधुनिकता के सर्वव्यापी प्रभाव के चलते सभी साहित्य-रूपों (कथा साहित्य, नाटक, कविता आदि) में नवता की तलाश जारी थी और बदलाव की आवश्यकता महसूस की जा रही थी। देश करवटें बदल रहा था, जनपदीय आंदोलन तेज़ हो रहे थे और 'समाजवादी सोच' से लैस लोग अपनी सम्पूर्ण आधुनिकता के साथ आगे बढ़ने की तैयारी कर रहे थे। युवा ठाकुर प्रसाद सिंह सन्थाल परगना के एक बहुत बड़े उपेक्षित वर्ग की करुणा तथा पीढ़ियों के दुःख-दैन्य तथा दलितों के आँसुओं का दर्द और अनुभव बटोर कर बनारस आए ही आए थे। इसलिए जब उनका 'वंशी और मादल' छपकर आया तो कथ्य और शिल्प की नवीनता तथा ताज़गी का नया

---

1. डॉ. सत्येंद्र शर्मा : नवगीत, संवेदना और शिल्प, पृ. 27

झटका एक बड़े-से हल्के में महसूस किया गया। छोटे-छोटे छाया-बिम्बों तथा शब्द-चित्रों में अनुभव के एक बड़े हिस्से को व्यक्त करने के प्रयत्न किए गए। बनारस के नये कवियों–शंभुनाथ सिंह, त्रिलोचन, नामवर, केदार, सूर्य प्रताप और कलकत्ता में जा बसे छविनाथ मिश्र के गीतों में यह प्रवृत्ति देखी गई। फिर भी बदलाव की दृष्टि से ठाकुर प्रसाद सिंह के 'वंशी और मादल' को ही 'डिमार्केशन लाइन' मानना न्यायोचित है। डॉ. शंभुनाथ सिंह चूँकि छायावादोत्तर पारंपरिक गीतों के दौर से होकर आए थे, इसलिए उनमें बदलाव थोड़ी देर से आया, लेकिन ध्यातव्य है कि चूँकि वे प्रारंभ से ही अपने समकालीनों से अलग थे और प्रयोग की वृत्ति उनमें सर्वाधिक थी, उन्होंने 'नवगीत' के नेतृत्व को सम्हाले रखा और अपनी संगठनात्मक क्षमता एवं संकल्प-शक्ति के बल पर उसे आज की स्थिति तक पहुँचाया।

निष्कर्ष यह कि 'नवगीत' का बीज निराला के परवर्ती गीतों में है। ठाकुर प्रसाद सिंह के 'वंशी और मादल' ने उसे हवा और पानी दिया है और डॉ. शंभुनाथ सिंह की विलक्षण सर्जना ने उसे वक्त की मीनार तक पहुँचा दिया है।

नामकरण का आधार/'नव' शब्द जोड़ने की सार्थकता

'नवगीत' का प्रारंभिक रूप हमें 'निराला' के परवर्ती गीतों में देखने को मिलता है जो कि प्रगतिवादी, प्रयोगवादी एवं व्यक्तिवादी स्वच्छंदतावादी गीत-कवियों के माध्यम से निरंतर आगे बढ़ता रहा। इस दौरान गीतों की संवेदना एवं शिल्प में नवीनता एवं बदलाव लाने का प्रयास रचनाकारों के माध्यम से निरंतर होता रहा जिसका मूल कारण स्वतंत्रता प्राप्ति के बाद की मोह-भंग की विकट स्थितियाँ थीं। इन स्थितियों के कारण ही 1950 के आस-पास अन्य विधाओं की तरह गीत-विधा में भी युग-यथार्थ का चित्रण तथा नवीन भाव-बोध आवश्यक हो गया। आधुनिकता का दबाव भी इतना तेज़ और प्रबल था कि गीत का पारंपरिक रूप पूरी तरह बदल गया। एक तरह से उसका काया-कल्प हो गया क्योंकि उसमें न तो छायावादी भावुकता या कल्पनाशीलता रह गई, न रूढ़ छंद-विधान, न प्रगतिवादी क्रांतिकारिता का प्रचारधर्मी स्वर, न प्रयोगवादी यौन कुंठा न अवसाद, न मंचीय रोमानियत और गायकी बल्कि समकालीन यथार्थ और चुनौतियों से उत्पन्न वे सभी विषय नये गीतों के उपजीव्य बन गए जिस पर 'नयी कविता' वाले अपना एकाधिकार मानते थे। नयी और जटिल परिस्थितियों से उत्पन्न असंतोष, घुटन, ऊब, कुंठा, संत्रास, अलगाव, अजनबीपन, शहरीकरण, पारिवारिक टूटन, बाज़ारीकरण आदि सभी कुछ गीत की परिधि में आ गये हैं। एक ओर वह द्वंद्वों और अंतर्विरोधों की अभिव्यक्ति देने लगा तो दूसरी ओर अपनी जातीयता,

अस्मिता-बोध, लोक-जीवन, पारिवारिकता के गुनगुने एहसास की खोज भी करता रहा। जिसके लिए उसने 'नवगीत' संज्ञा का वरण किया। ये एक जद्दोज़ेहद और अस्तित्व मूलक संघर्ष के दिन थे जिसकी थोड़ी-बहुत पड़ताल ज़रूरी है क्योंकि इस रचनात्मक संघर्ष में पूरे देश के रचनाकार लगे हुए थे। यद्यपि इसकी पहल डॉ. शंभुनाथ सिंह एवं ठाकुर प्रसाद सिंह जैसे पूर्वांचल के रचनाकारों ने ही की। आज तक जितने भी आलेख 'नवगीत' के नामकरण को लेकर लिखे गए हैं, उनमें मुजफ्फरपुर (बिहार) से 1958 में प्रकाशित 'गीतांगिनी' के सम्पादक श्री राजेंद्र प्रसाद सिंह को ही 'नवगीत' के नामकरण का श्रेय दिया गया है और सम्पादक द्वारा अपने समर्थकों के साथ इस दावे को स्वीकार कराने के लिए मुहिम भी चलाई गई थी। एक समर्थक ने तो यहाँ तक कहा कि राजेंद्र प्रसाद सिंह को 'नवगीत' के नामकरण का श्रेय दे दिया जाएगा तो कोई आसमान नहीं फट जाएगा...आदि। किंतु जब से डॉ. सत्येंद्र शर्मा का शोध-प्रबंध 'नवगीत : संवेदना और शिल्प' प्रकाश में आ गया है, तब से इस दावे का रहस्य और 'नवगीत के निकायों' की असलियत खुल गई है क्योंकि डॉ. सत्येंद्र शर्मा ने साक्ष्यों और तर्कों के आधार पर यह सिद्ध कर दिया है कि 'नवगीत' शब्द काशी की ऐतिहासिक नौका-गोष्ठी में सम्मिलित (भारती, नरेश मेहता, जगदीश गुप्त, रामदरश मिश्र, सर्वेश्वर दयाल सक्सेना, शंभुनाथ सिंह, नामवर सिंह, केदारनाथ सिंह) रचनाकारों की जवान पर 1951-52 में ही आ गया था और 1956 की परिमल-गोष्ठी में 'नवगीत' के उन्नायक डॉ. शंभुनाथ सिंह ने इसी संज्ञा के साथ अपने गीत पढ़े थे। ठाकुर प्रसाद सिंह ने 'आलोचना' के जून 1955 के अंक में तथा डॉ. विश्वनाथ प्रसाद ने 'धर्मयुग' साप्ताहिक 18 से 24 अप्रैल 1982 के अंक में प्रकाशित 'हिंदी नवगीत और नवगीतकार' लेखमाला के अंतर्गत इसकी चर्चा की है। नामकरण के इस अनचाहे विवाद पर डॉ. सत्येंद्र शर्मा ने अपनी पुस्तक में विस्तार से तर्कसम्मत विमर्श के उपरांत निम्नलिखित निष्कर्ष दिए हैं जो समुचित और सही लगते हैं–

1. नये ढंग के गीतों के लिए 'नवगीत' संज्ञा का प्रयोग सर्वप्रथम डॉ. शंभुनाथ सिंह ने किया है। अलबत्ता मुद्रित रूप में 'गीतांगिनी (1958) द्वारा राजेंद्र प्रसाद सिंह इस श्रेय का दावा करते हैं।

2. यह नामकरण 1958 से पूर्व 1951-52 में काशी की नौका गोष्ठी एवं परिमल की 1956 की इलाहाबाद की काव्य-गोष्ठी में हो चुका था।

3. पारंपरिक गीत से भिन्न व उससे स्पष्ट अलगाव लिए हुए इस नए गीत

के सर्वांग स्वरूप की साफ-साफ धारणा डॉ. शंभुनाथ सिंह को थी, जबकि राजेंद्र प्रसाद सिंह 'नवगीत' संज्ञा का प्रयोग करते हुए भी उसकी अंतश्चेतना से अपरिचित थे।

दरअसल विवाद का मुद्दा यही नहीं है कि नामकरण किसने किया? विवाद यह भी था कि इसका सही नाम क्या हो? कुछ आलोचकों की यह स्पष्ट मान्यता है कि 'नये गीत' को 'नयी कविता' के वज़न पर 'नवगीत' संज्ञा से विभूषित कर दिया गया है। अब प्रश्न यह है कि 'नवगीत' ने अपने नाम को सार्थक किया है या बतौर फैशन उस पर यह नाम जड़ दिया गया है। क्योंकि इसका 'नवगीत' नाम बहुत बाद में सर्वमान्य हुआ। पहले तो उसे 'आज का गीत'[1] फिर 'नया गीत'[2] फिर 'आधुनिक गीत'[3] और अंत में 'नवगीत'[4] कहा गया।

ऐसी स्थिति में विचारणीय मुद्दा यह है कि साहित्य में 'नव' विशेषण क्यों लगाया जाता है? वस्तुतः आधुनिक संदर्भों में काव्य-कृतियों की नवीन संवेदना एवं शैली-शिल्प को ध्यान में रखते हुए ही 'नव' विशेषण का प्रयोग किया जाता है। यह 'नव' विशेषण जहाँ परम्परागत साहित्य से उसे विलग करता है, वहीं आधुनिक युग-बोध एवं यथार्थ को भी अभिव्यक्त करने में पूर्णतः समर्थ होता है। निस्संदेह नवीन काव्य की अपनी प्रासंगिकता है, इसलिए उसके महत्त्व को भी अस्वीकार नहीं किया जा सकता लेकिन इसका यह मतलब नहीं कि 'नवता' के नाम पर कोई 'अजूबा' खड़ा कर दिया जाय। इस संदर्भ में श्री बालस्वरूप राही का यह कथन युक्तिसंगत है कि 'महत्त्वपूर्ण यह नहीं है कि 'नया' क्या है, महत्त्वपूर्ण तो यह है कि हमारे लिए प्रासंगिक या सार्थक क्या है? नये के नाम पर अजूबा खड़ा कर देना, कलात्मकता की कोई विशेष पहचान नहीं है।.....जो चीज आज के संदर्भ में महत्त्व रखती है वह चाहे पुरानी हो या नयी हमेशा महत्त्वपूर्ण रहेगी।'[5]

वास्तविकता यह है कि अभिव्यक्ति या शैली तत्त्व की नवीनता किसी भी साहित्य की जीवंतता का प्रमाण होती है। इस संदर्भ में श्री नेमिचंद्र जैन का यह कथन अत्यंत महत्त्वपूर्ण है–'अभिव्यक्ति में रूपगत एवं शिल्प-तत्त्वों की नवीनता श्रेष्ठ साहित्य का अनिवार्य लक्षण है, चाहे वह नवीनता परम्परागत तत्त्वों के नये समूह में ही क्यों न निहित हो? इस अर्थ में नवीनता किसी भी युग के लेखक

---

1. डॉ. रामदरश मिश्र : आज का गीत–एक नयी प्रतिक्रिया : 'गीत' अंक 2, पृ. 21
2. माहेश्वर तिवारी : नया हिंदी गीत : संबोधन : अक्टूबर 1968, कांकरोली, पृ. 66
3. ओंकार ठाकुर : गीत अंक प्रथम, पृ. 40
4. लक्ष्मीकांत सरस : अन्यथा अंक एक, पृ. 13
5. बालस्वरूप राही : अंतराल 3, पृ. 214

के कृतित्व का बुनियादी मूल्य है। इसके बिना रचना, रचना नहीं होती। निरी पुनरावृत्ति, अनुकृति या शब्द-जालमात्र रह जाती है।'[1]

इस प्रकार इतना तो स्पष्ट है कि नवता, जीवंतता की पहचान है और फैशन के नाम पर ओढ़ी हुई 'नवता' कोई महत्त्व नहीं रखती। इसलिए देखना यह है कि 'नवगीत' ने अपने 'नव' विशेषण को सार्थक किया है या फिर 'नवगीत' परम्परागत गीत से कथ्य एवं शिल्प की दृष्टि से इतना पृथक एवं परिपुष्ट है कि उसे 'नवगीत' अभिधान से पहचानना या सम्बोधित करना उचित है।

'गीतांगिनी'–1958 के सम्पादक ने भी 'नवगीत' संज्ञा का प्रयोग करते हुए यह स्पष्ट करना चाहा था कि ' 'नवगीत' में नयी अनुभूतियों की स्वीकृति एवं शैली-शिल्प के क्षेत्र में नवीन निकायों का प्रयोग होगा, 'नवगीत' नयी अनुभूतियों की प्रक्रिया में संचयित मार्मिक समरसता का आत्मीयतापूर्ण स्वीकार होगा, जिसमें अभिव्यक्ति के आधुनिक निकायों का उपयोग और नवीन प्रविधियों का संतुलन होगा।'[2]

इस उद्धरण से इतना तो प्रकट होता ही है कि प्रारंभ से ही 'नवगीत' के प्रचार-प्रसार एवं रचना-कर्म से जुड़े हुए लोगों की मंशा क्या थी? दूसरे, यह भी देखना ज़रूरी है कि आज की अवधि तक नवगीतकार ने अपने प्रयास में किस सीमा तक सफलता प्राप्त की है? इस दृष्टि से विचार करने पर इतना तो निश्चित रूप से कहा जा सकता है कि 'नवगीत' ने नवीन कथ्य एवं शिल्प को वहन करने एवं बासी तथा घिसे-पिटे कथ्य से अपने को अलग करने में पर्याप्त सफलता प्राप्त की है। डॉ. रवींद्र भ्रमर नवगीत-विमर्श में निरंतर हिस्सेदारी करते रहे हैं। नामकरण के प्रश्न पर उनका कहना है कि ' 'नवगीत' जैसा यह नाम 'नयी कविता' के वज़न पर आया है लेकिन कुछ समय के लिए इसकी सख़्त ज़रूरत भी है जिससे व्यतीत जीवी भाव-बोध और बासी शैली-शिल्प से लिखे जाने वाले गीतों की लम्बी कतार से अत्याधुनिक गीतों को अलग-थलग किया जा सके।'[3] डॉ. रामदरश मिश्र नयी संभावनाओं के कारण ही 'नवगीत' को सार्थक मानते हैं, 'ज़िसे हम नया गीत कहते हैं, वह परम्पराओं के गीतों से कई अर्थों में भिन्न है। वह 'गीत' की चुकती

1. नेमिचंद्र जैन : बदलते परिवेश, पृ. 75
2. राजेंद्र प्रसाद सिंह : गीतांगिनी : भूमिका, पृ. 3, 4
3. डॉ. रवींद्र भ्रमर : वातायन : अप्रैल 1965 (बीकानेर), पृ. 21

हुई संभावनाओं को नए ढंग से स्थापित करता है।'[1] डॉ. विनोद गोदरे 'नवगीत' के 'नव' को रेखांकित करते, कथ्य एवं संवेदना के धरातल पर ताज़गी से जोड़ते हुए, परम्परागत गीत से पृथकता की ओर संकेत करने के कारण इस नामकरण को सही करार देते हैं। 'नवीन संवेदना से संपृक्त नूतन भाव-बोध के संवाहक तथा नयी कला-परिणतियों के गीतों को प्रचलित गीतों के कथ्य-बोध एवं संप्रेषण से विलगाव के लिए 'नवगीत' का नामकरण सभी दृष्टियों से सही और सार्थक अभिधान है।'[2] 'नवगीत' के पुरोधा डॉ. शंभुनाथ सिंह ने अलवर से प्रकाशित और डॉ. ओम् प्रभाकर द्वारा संपादित पत्रिका 'कविता 64' तथा 'नवगीत दशक 2' की भूमिका में इस प्रश्न पर विचार करते हुए लिखा है—' 'नवगीत' का 'नव' विशेषण 'गीत' के सामयिक संदर्भ से जुड़े होने का बोधक है।...गीत-रचना की परम्परा, पद्धति और भाव-बोध को छोड़कर नवीन भाव-सरणियों को अभिव्यक्त करने वाले 'गीत' जब भी और जिस युग में भी लिखे जायेंगे, 'नवगीत' कहलाएँगे।'[3]

'मात्र गीत' कहने से उसकी पहचान खो जाती है और 'नयी कविता' कहने से उसकी अस्मिता ही लुप्त हो जाती है। अतः 'नवगीत' ही उसका एकमात्र सार्थक नाम है।

इस प्रकार 'नामकरण' के मुद्दे को लेकर विद्वानों के बीच जो बहस-मुबाहिसे हुए, उससे निष्कर्ष यही निकलता है कि 'नवगीत' की 'नवता' केवल फैशन के नाम पर ओढ़ी हुई चीज़ नहीं है और न तो भिन्नता प्रकट करने के लिए इस अभिधा का प्रयोग किया गया है बल्कि 'नवगीत' का नव विशेषण नए गीत के नए भाव-बोध एवं नूतन शैली-शिल्प की ओर ध्यान आकृष्ट करने के लिए उपयोग में लाया गया है। यही नहीं 'नवगीत' युग-बोध एवं संश्लिष्ट आधुनिक परिवेश को भी समान सफलता के साथ अभिव्यक्त करता है। इसलिए 'नवगीत' नामकरण सार्थक भी है और महत्त्वपूर्ण भी। वस्तुतः बदले हुए परिवेश की अभिव्यक्ति के लिए भाषा की नई बुनावट अपरिहार्य हो जाती है। डॉ. रघुवंश ने तर्कसम्मत ढंग से इस नयी बुनावट के बारे में एक बात कही है—'मानवीय जीवन की भूमिका और परिवेश के बदलने के साथ उसके अनुभव के प्रकार, संदर्भ और विधान भिन्न हो जाते हैं तथा साहित्यकार जब उनको रचनात्मक अभिव्यक्ति देता है तो उसको नया रचना-विधान खोजना होता है।' यह बात 'नवगीत' के आचरण पर अक्षरशः

---

1. डॉ. रामदरश मिश्र : हिंदी कविता—आधुनिक आयाम, पृ. 152
2. छायावादी हिंदी प्रगीत, पृ. 230
3. डॉ. शंभुनाथ सिंह : कविता 64 संपादक : ओम् प्रभाकर, भगीरथ भार्गव, पृ. 78

लागू होती है कि परम्परागत गीत जब चारों तरफ के युग-यथार्थ की अभिव्यक्ति देने में असफल हो गया, तब प्रातिभ नवगीतकारों द्वारा गीत में भी नयी बुनावटें ढूँढ़ी गईं ताकि 'नवगीत' परिवेश को यथार्थ अभिव्यक्ति देने में समर्थ हो सके। इसलिए कहा जा सकता है कि 'नवगीत' का नामकरण, नये गीत को परम्परागत गीत से अलग करने के लिए तथा यथार्थ के विस्तृत फलक को पूर्ण सामर्थ्य के साथ अभिव्यक्त करने के लिए किया गया क्योंकि नवीन शैली-शिल्प को अपनाए बिना उसकी सार्थकता सिद्ध नहीं हो पाती।

वस्तुतः समकालीन लेखक की यह विवशताजन्य विशिष्टता है कि वह पूर्ववर्ती परम्परित साहित्य से अपने को अलग करने के लिए इस प्रकार के उपक्रम करे। 'नवगीत' का 'नव' विशेषण भी इसी प्रकार का उपक्रम है। इसलिए हम जब भी 'नवगीत' की चर्चा करें, इस निहितार्थ को समझें क्योंकि किसी समय-विशेष या समकाल में लिखे गए गीत ही 'नवगीत' नहीं होते बल्कि वे गीत, 'नवगीत' कहलाते हैं जो परम्परागत भाव-बोध से विलग होते हैं, जिनकी 'कहन' नयी होती है और जो नए रूप-शिल्प में ढले होते हैं। इसी दृष्टि से 'निराला' के परवर्ती गीतों को 'नवगीत' की कोटि का गीत सिद्ध किया जाता है। वस्तुतः 'नवगीत' का नयापन जागरूक नवगीतकारों की रचनाओं को ही रेखांकित करता है क्योंकि इन रचनाकारों ने 'गीत' को भावुकता, तुकाग्रहों, वर्षों के सूक्ष्म वायवी संकेतों तथा बनावटी भाषा से मुक्ति दिलाकर काव्य को एक नयी स्फूर्ति और ताज़गी प्रदान की है।

नवगीत का विकास-क्रम एवं स्वरूप

सन् 1950 के बाद की हिंदी कविता की दो प्रमुख धाराओं—'नयी कविता' और 'नवगीत' के विषय में कुछ तटस्थ समीक्षकों का यह भी मंतव्य है कि 'नयी कविता और नवगीत में कोई तात्विक अंतर नहीं है, यदि अंतर है भी तो शिल्प का।' एक तरह से देखा जाय तो यह निष्कर्ष निराधार नहीं है क्योंकि 'नयी कविता' छायावादी, प्रगतिवादी और प्रयोगवादी भाव-बोध से भिन्न आधुनिक भाव-बोध की कविता है। और 'नया गीत' भी आधुनिक भाव-बोध से ही जुड़ा हुआ काव्य-रूप है। 'नयी कविता' की भाषा भी पूर्ववर्ती काव्य भाषा से नितांत भिन्न है। उसका स्वर और उसके मुहाविरे सहज ही उसे पूर्ववर्ती कविता से भिन्न कर देते हैं। ठीक इसी तरह 'नवगीत' भी अपनी भाषागत विशिष्टता, भावगत आधुनिकता तथा छंदगत नवीन रूप-योजना के कारण पूर्ववर्ती छायावादी, प्रगतिवादी तथा छायावादोत्तर काल के रोमानी गीतों से सहज ही अलग हो जाते हैं और महत्त्वपूर्ण एवं विशिष्ट दिखते हैं। अगर काल-क्रम की दृष्टि से उनका सर्वेक्षण किया जाय तो यह बात स्पष्ट हो जाएगी।

पहले कहा जा चुका है कि 'नवगीत' का बीज छायावाद-युग के 'निराला' के परवर्ती गीतों में वर्तमान है। उनके लिखे हुए तीन सौ गीतों में बीसेक गीत 'नवगीत' की अस्मिता से जुड़े हुए गीत हैं। 'बान कूटता है', 'बहुत दिनों बाद खुला आसमान', 'सहज चाल चलो उधर', 'स्नेह निर्झर बह गया है', 'बाँधो न नाव इस ठाँव बंधु', 'अँट नहीं रही है' आदि गीत निश्चित रूप से इसी श्रेणी के गीत हैं। इसलिए 'नवगीत' का विकास 'निराला' से बीज रूप से जुड़ा हुआ है। उस युग में माखन लाल चतुर्वेदी भी एक ऐसे कवि हैं जिनके गीतों में 'नवगीत' के तत्त्व दिखलाई पड़ते हैं। इस दृष्टि से उनकी 'समय के समर्थ अश्वमान लड़े', 'आज बंधु चार पाँव ही चलो' जैसी गीत-पंक्तियों का उदाहरण दिया जा सकता है। छायावाद-युग के उत्तरार्ध में व्यक्तिवादी स्वच्छंदतावादी कवियों में से बच्चन एवं नरेंद्र शर्मा तथा रामविलास शर्मा, केदारनाथ अग्रवाल एवं कुँवर चंद्र प्रकाश सिंह ने भी आंचलिक वातावरण से संबंधित गीत लिखे थे। इन गीतों को भी 'नवगीत' का प्रारंभिक रूप माना जा सकता है। छायावादोत्तर युग के प्रयोगवादी कवियों में से रामविलास शर्मा और गिरिजाकुमार माथुर के कुछ गीत नवीन भंगिमाओं और ज़मीन की सोंधी गंध से युक्त होने के कारण 'नवगीत' की भूमिका के रूप में स्वीकार किए जा सकते हैं वरना 'नवगीत' का वास्तविक प्रादुर्भाव सन् 1950 के बाद के 'नयी कविता-युग' में ही हुआ। तब से लेकर आज तक 'नवगीत' अपने वस्तु-तत्त्व एवं शिल्प में निरंतर विकास करता हुआ एक सुनिश्चित काव्य-धारा के रूप में प्रतिष्ठित हो चुका है। जिसमें नवगीतकारों के साथ-साथ 'नयी कविता' के कवियों, अज्ञेय, गिरिजाकुमार माथुर, भारती, नरेश मेहता, सर्वेश्वर, केदार आदि का भी योगदान है। उसकी विकास-यात्रा को सुविधा की दृष्टि से तीन चरणों में विभाजित किया जा सकता है।

पहले दौर का नवगीत (1945 से 1955 तक)

इस काल-खण्ड में गीतिकाव्य नवीन रूपाकार में ढलकर पूर्ववर्ती गीतों से भिन्न रूप में प्रतिष्ठित हुआ। इस युग के जिन कवियों ने गीत-विधा को अपनाया, उनमें से अज्ञेय, शंभुनाथ सिंह एवं त्रिलोचन ने गीतिकाव्य को नयी दिशा में मोड़ने का प्रयत्न किया। इसी तरह शमशेर बहादुर सिंह, केदारनाथ अग्रवाल और भवानी प्रसाद मिश्र जैसे कुछ इने-गिने कवियों ने प्रयोगवादी काव्य के दौर में ही गीतिकाव्य के क्षेत्र में कुछ नवीनता और ताज़गी लाने का प्रयास किया था। निश्चित ही, 'नयी कविता' के आंदोलन बनने के पूर्व ही 'नवगीत' का प्रारंभिक रूप सामने आ गया था।

अज्ञेय ने सन् 1945 के बाद प्रयोगवादी रचनाओं के साथ गीतों में भी नए प्रयोग प्रारंभ किए। ऐसे गीत उनके काव्य-संकलन 'इत्यलम्' (1946) और 'हरी घास पर क्षण भर' (1948) नामक काव्य-संकलनों में संगृहीत हैं। इन गीतों में कुछ परम्परागत सामासिक छंदों वाले तथा टेकयुक्त हैं, कुछ में विभिन्न चरणों की टेक और छंद-योजना अलग-अलग है और कुछ मुक्त छंद वाले गीत हैं। उनके 'ओ मेरे दिल' और 'शाली' परम्परागत छंद-योजना वाले तथा 'जैसा तुझे स्वीकार हो', 'हेमंती बयार', 'माघ-फागुन-चैत', 'आषाढ़स्य प्रथम दिवसे' तथा 'जागरण' आदि गीत मुक्त छंद के टेक पद्धति वाले गीत हैं। उन्होंने लोक-जीवन के प्रभावों को गीत-रूप में व्यक्त करने की पद्धति प्रारंभ से ही अपना ली थी जो 'इत्यलम्' के 'पानी बरसा' शीर्षक गीत के रूप में दिखलाई पड़ता है। इसी तरह शंभुनाथ सिंह के 'दिवालोक' (1953) में व्यक्तिवादी स्वच्छंदतावादी गीति शैली के साथ-साथ ऐसे गीत भी संगृहीत हैं जो भाषा, बिम्ब-योजना तथा गेयता—सभी दृष्टियों से 'नवगीत' के प्रारंभिक रूप प्रतीत होते हैं। उनमें से 'प्रीति-धारा', 'आज', 'आकाश-बेल', 'एक क्षण', 'क्षणों के फूल', और 'चकाचौंध' शीर्षक गीत टेकयुक्त परम्परागत सममात्रिक छंदों में लिखे गए हैं और 'मन बेचारा' शीर्षक गीत टेकयुक्त मुक्त छंद का पदगीत है। इसी काल-खंड में त्रिलोचन शास्त्री का 'धरती' नामक काव्य-संकलन प्रकाशित हुआ जिसमें गीतों के नये-नये प्रयोग वर्तमान हैं। इस प्रकार पहले दौर के नवगीतों की विशेषता यह है कि उनमें छायावादी भूमि, भाषा एवं छंद-योजना का परित्याग कर दिया गया है। प्रेम-संबंधों की सीधी अभिव्यक्ति, संवेदनाओं की अछूती दिशाओं तथा शैलीगत नवीनता के कारण इन्हें 'नवगीत' की संज्ञा दी जा सकती है। निश्चित ही 'अज्ञेय' में लोक-जीवन के प्रभावों को गीत-रूप में व्यक्त करने की प्रवृत्ति थी जो दूसरे दौर में 'नयी कविता' के रचनाकारों में भी दिखलाई पड़ती है।

दूसरे दौर का नवगीत (1955 से 1965)

'नयी कविता' का युग ही 'नवगीत' की भी प्रतिष्ठा का युग है क्योंकि इस काल के सप्तकीय तथा सप्तकेतर कवियों में से अधिकांश ने 'गीत' को भी नया रूपाकार देने का प्रयत्न किया। सप्तकीय कवियों में से अज्ञेय, भवानी प्रसाद मिश्र, गिरिजाकुमार माथुर, धर्मवीर भारती, नरेश मेहता, केदारनाथ सिंह, सर्वेश्वर दयाल सक्सेना तथा सप्तकेतर कवियों में से शंभुनाथ सिंह, ठाकुर प्रसाद सिंह, वीरेंद्र मिश्र, रामदरश मिश्र, परमानंद श्रीवास्तव आदि ने 'नवगीत' को नयी दिशा में मोड़ने का प्रयत्न किया। अज्ञेय के 'बावरा अहेरी' का 'जो कहा नहीं गया', 'अंधड़' तथा 'यह दीप अकेला' में आधुनिक भाव-बोध को प्रतीकात्मक ढंग से व्यक्त किया गया है। उन्होंने

प्रकृति के लैण्डस्केप और नागरिक जीवन के क्लांत श्रांत स्वरूप का चित्रण तटस्थ होकर नहीं, अनुभूत क्षणों के भोक्ता के रूप में किया है। इसी प्रकार शंभुनाथ सिंह के 'माध्यम मैं' (1975) के कुछ गीत लोकगीतों के जीवंत संस्पर्श और ग्राम्य जीवन की ताज़गी से भरे हुए हैं। सप्तकीय कवियों में से नरेश मेहता, हरिनारायण व्यास, धर्मवीर भारती, विजयदेव नारायण शाही, केदारनाथ सिंह और कुँवर नारायण के गीतों में छायावादी कल्पनाशीलता और रोमानीपन से भिन्न ताज़गी और नवीनता वर्तमान है। भारती और केदारनाथ सिंह के कई गीत, लोकगीतों की शैली से प्रभावित हैं और ग्राम्य जीवन की सोंधी गंध से युक्त होने के कारण 'नवगीत' की श्रेणी में आते हैं। भारती जी की गीत-पंक्ति 'कुछ समीप की, कुछ सुदूर की/कुछ चंदन की, कुछ कपूर की? कुछ में गेरू, कुछ में रेशम, कुछ में केवल जल/ये अनजान नदी की नावें जादू के-से पाल।' तथा केदार जी की 'रात पिया पिछवारे पहरू उनका किया' को इस संदर्भ में बार-बार उद्धृत किया जाता है। यही नहीं, भारती जी की 'फागुन की शाम', 'डोले का गीत', 'बेला महका', 'बोवाई का गीत' और केदारनाथ सिंह की 'दुपहरिया, 'फागुन का गीत', 'पात नये आ गए', 'धानों का गीत' और 'रात' शीर्षक कविताएँ भी इसी प्रकार की हैं। 'दूसरा सप्तक' और 'तीसरा सप्तक' में संकलित भारती, केदारनाथ सिंह, और सर्वेश्वर दयाल सक्सेना की कविताएँ वस्तुतः 'नयी कविता' नहीं, लोकधुनों पर आधारित नए गीत ही हैं। तीसरा सप्तक के प्रकाशन काल (सन् 1959) तक 'नवगीत' पूर्णतः प्रतिष्ठित काव्य-विधा हो चुका था और शिवबहादुर सिंह भदौरिया जैसे बहुतेरे गीत-कवियों का आदर्श बन चुका था। ऐसा कहने का आधार यह है कि जहाँ 'तार-सप्तक' में इने-गिने ही गीत हैं तथा 'दूसरा सप्तक' में भी गीतों की संख्या कम है, वहीं 'तीसरा सप्तक' में गीतों की संख्या बहुत अधिक है। 'तीसरा सप्तक' के प्रयाग नारायण त्रिपाठी के अतिरिक्त शेष सभी कवियों ने गीतों की रचना की है। यही नहीं, इस काल के सप्तकेतर कवियों ने तो जमकर नए ढंग के गीतों की रचना की। इन कवियों में शंभुनाथ सिंह, ठाकुर प्रसाद सिंह, रामदरश मिश्र विशेष रूप से उल्लेखनीय हैं क्योंकि 'नयी कविता' के प्रथम सोपान (1950 से 1960) पर ही गेय और अगेय रचनाकारों में एक प्रकार का अलिखित समझौता था और दोनों मिल-जुलकर दोनों प्रकार की रचनाएँ लिख रहे थे। इसका सबसे बड़ा प्रमाण यह है कि तीसरा सप्तक के कवि सर्वेश्वर, कुँवर नारायण और केदारनाथ सिंह ने सर्वाधिक गीत लिखे। इस दौर के इन 'नयी कविता वादी' गीतकारों में वह सूक्ष्म और गहरी अनुभूति तथा सहज अभिव्यंजना-शक्ति वर्तमान है जो 'नवगीत' का आवश्यक और सहज धर्म है। इन कवियों ने तीन प्रकार के गीत लिखे—लोकगीत भावित, परम्परागत सममात्रिक

समतुकांत गीत तथा मुक्त छंद के गीत। लोकगीत भावित गीतों को निश्चित ही सर्वेश्वर और केदार ने चरम परिणति दी। इसलिए यह कहना कि 'नवगीत' के विकास में 'नयी कविता' के कवियों का कोई योगदान नहीं है—एक ग़लत दलील है और इतिहास-दृष्टि को नकारने का प्रयास है। दरअसल सर्वेश्वर के 'सुहागिन के गीत', 'बनजारे का गीत', 'सावन का गीत, 'झूले का गीत', 'चरवाहों का युगल गान', 'आँधी पानी आया' आदि गीतों में न केवल लोक-जीवन के तत्त्वों और उपादानों को सही ढंग से पकड़ा गया है, उनमें नया भाव-बोध और गहरा अर्थ भी भरा गया है।

3. तीसरे दौर का 'नवगीत'

सातवें दशक में प्रवेश करने के साथ ही सामाजिक दबाव के कारण 'नयी कविता' में ह्रासोन्मुख तत्त्व प्रबल होने लगे और अराजकता तथा मूल्यहीनता की प्रवृत्ति भी बढ़ गई। इन दबावों का प्रभाव 'नवगीत' पर भी पड़ा। यहाँ भी अब लोक-व्यंजना के स्थान पर आधुनिकताजन्य मानवीय संकट, आशंका, भय, आतंक, अकेलापन, कुंठा, संत्रास, अजनबीपन और विवशता की भावना का प्राबल्य दिखने लगा। मध्यवर्ग में तथा बेरोज़गार नयी पीढ़ी में मूल्यहीनता और असुरक्षा की भावना के कारण तनाव और उद्वेगजनित बेचैनी बढ़ गई। फलतः उसकी सहज-स्वाभाविक प्रतिक्रिया में रचनाकारों का स्वर भी बदल गया।

निष्कर्ष यह कि नवगीत-आंदोलन के पहले दौर में गीत-यात्रा लोकधर्मी थी क्योंकि उसे जूझने के लिए ऊर्जा एवं जीवनी-शक्ति चाहिए थी जिसकी संपूर्ति अन्यत्र संभव नहीं थी क्योंकि बहुरंगी लोकजीवन ऊर्जा का अनंत स्रोत होता है। यही कारण है कि प्रारंभिक दौर के नवगीतकार और 'नयी कविता' के गीत धर्मा कवि बड़ी तेज़ी के साथ लोकगीतों की ओर मुड़े। दूसरा कारण यह भी था कि पीढ़ियों से चली आती विषमता और अभाव का सीधा-सच्चा और प्रामाणिक एहसास कस्बों या शहरों की बनावटी ज़िंदगी में किसी प्रकार संभव नहीं था। इस दौर के कवियों में मात्र शंभुनाथ सिंह एक ऐसे नवगीत-कवि थे जिन्होंने इस काल-खण्ड में लोक भावित गीतों का पल्ला पूरी तरह छोड़कर आधुनिकता-बोध से जुड़ने की दिशा में यथार्थ जीवन की विसंगतियों को चित्रित करने के साथ-साथ वैज्ञानिक बोध को भी अपना कथ्य बनाकर 'नवगीत' के एक नए और अछूते आयाम को उद्घाटित किया। किंतु इसी बीच अनेक प्रकार के साहित्यिक पालिमिक्स सिर उठाने लगे और वर्चस्व के मुद्दे को लेकर दोनों विधाओं के कवियों में लंबे विवाद की स्थिति उत्पन्न हो गई क्योंकि 'नयी कविता' के कवियों की दृष्टि में अब गाँव

और लोक जीवन के संदर्भ निरर्थक हो गए। उनके सामने जीवन की जटिलता, नगर-बोध, उपभोक्तावाद के नए-नए तकाज़े ज्यादा महत्त्वपूर्ण हो गए। फलतः उन्होंने 'गीत' को चुकी हुई विधा घोषित कर दिया। किंतु 'नवगीत' के प्रातिभ रचनाकारों पर इसका प्रभाव नहीं पड़ा। उन्होंने पूरी सामर्थ्य के साथ आधुनिकता-बोध के नए तकाजों को समझा, अपनी रचनात्मकता को व्यापक आयाम दिया। और अस्तित्व मूलक संघर्ष को बदस्तूर जारी रखा। वस्तुतः 'नवगीत' का विकास भी ऐसी परिस्थिति में हुआ जब 'नयी कविता' अपने प्रभा-मंडल के साथ सत्ता-सिंहासन पर विराजमान थी औरं उसमें ऐसे समर्थ एवं योजनाबद्ध रचनाकारों, सम्प्रभुता-सम्पन्न चिंतकों की बहुलता थी जो पहले तो नहीं लेकिन बाद में चलकर पूरी तरह मूर्ति-भंजक हो गए। नयी मूर्ति गढ़ने में इन सभी कवियों का विश्वास अधिक था। इसलिए परम्परा बनाम आधुनिकता का संघर्ष स्वाभाविक रूप से उठा लेकिन स्वतंत्रता, समानता एवं विश्वबंधुत्व के चलते नयी जीवन-शैली, अभिव्यक्ति की उन्मुक्तता तथा उपभोक्ता संस्कृति के दबाव से उत्पन्न शहरी नागरिक बनने का नशा इतना प्रबल था कि परम्परा को मुँह की खानी पड़ी और आधुनिकता की विजय हुई किंतु इस विजय-पर्व के हकदार नवगीत के रचनाकार भी उतने ही थे, जितने 'नयी कविता' के कवि बल्कि नवगीतकार 'नयी कविता' के कवियों से थोड़े महत्त्वपूर्ण साबित हुए क्योंकि उन्होंने आधुनिकता के साथ-साथ परम्परा की भूमि का सर्वथा परित्याग नहीं किया। वे ज़मीन से भी जुड़े रहे और अपने को आधुनिक भी बनाया। इसी को 'नवगीत' के उन्नायक डॉ. शंभुनाथ सिंह ने भारतीय किस्म की आधुनिकता कहकर परिभाषित किया।

इस प्रकार सन् 1960 के बाद से ही कथ्य के बदलाव को महसूस करते हुए प्रतिबद्ध मुद्रा में 'नवगीत' लिखने वाले कवियों की चार पीढ़ियाँ आधी शताब्दी तक नए गीतों की रचना करती रहीं जिनमें डॉ. शंभुनाथ सिंह, ठाकुर प्रसाद सिंह, शिव बहादुर सिंह भदौरिया, राजेंद्र प्रसाद सिंह, देवेंद्र शर्मा इंद्र जैसे आचार्य कवियों के साथ-साथ उमाकांत मालवीय, सोम ठाकुर, देवेंद्र कुमार, नईम, ओम् प्रभाकर, भगवान स्वरूप 'सरस', रामचंद्र चंद्रभूषण, माहेश्वर तिवारी, श्रीकृष्ण तिवारी, उमाशंकर तिवारी, कुमार रवींद्र, गुलाब सिंह, अमरनाथ श्रीवास्तव, अनूप अशेष, राम सेंगर जैसे समर्थ नवगीतकारों तथा राजेंद्र गौतम, योगेंद्र शर्मा, बुद्धिनाथ मिश्र, डॉ. सुरेश, विनोद निगम, सुधांशु उपाध्याय जैसे नवगीतकारों की तीन पीढ़ियाँ शामिल थीं। यही नहीं, दशकेतर नवगीतकारों में वीरेंद्र मिश्र, डॉ. रवींद्र भ्रमर, रमेश रंजक, शलभ श्रीराम सिंह, छविनाथ मिश्र, नीलम श्रीवास्तव, नरेश सक्सेना, मयंक श्रीवास्तव, कैलास गौतम, रामनरेश पाठक, सत्यनारायण और देवेंद्र आर्य, अवधविहारी श्रीवास्तव,

श्यामसुंदर घोष आदि के योगदान भी प्रभावी एवं महत्त्वपूर्ण रहे।

इस प्रकार आठवें दशक तक यानी बीस वर्षों की कालावधि में 'नवगीत' के संपूर्ण वाङ्मय का अगर शोध-सर्वेक्षण किया जाए तो विषयगत वर्गीकरण के आधार पर 'नवगीत' की निम्नलिखित विशेषताएँ सामने आती हैं। इस दृष्टि से 'नयी कविता' और 'नवगीत' में अद्भुत साम्य दिखलाई पड़ता है।

'नवगीत' का विषयगत वर्गीकरण

1. आस्था और जिजीविषा का बोध

प्रगतिवाद और प्रयोगवाद अपने प्रतिक्रियावादी स्वरूप को खोकर जब 'नयी कविता' और 'नवगीत' में परिणत हुए तो इस नवीन कविता में आस्था, जिजीविषा और सत्य के प्रति गहरी निष्ठा का भाव सबसे अधिक दिखलाई पड़ा। इस भावना के मूल में नवीन मानवतावादी जीवन-मूल्यों की अवधारणा एवं मानव के उज्ज्वल भविष्य की कल्पना वर्तमान थी। नयी कविता के कवियों के समान 'नवगीत' के रचनाकारों में भी ये आस्था के स्वर वर्तमान थे। पूर्वांचल के प्रमुख नवगीतकार डॉ. शंभुनाथ सिंह के गीतों में यह स्वर पूर्णतः वर्तमान है। उदाहरण-स्वरूप उनकी निम्नलिखित गीत-पंक्तियाँ देखी जा सकती हैं–

नए-नए रंगों में धुले हैं,
हाथ जो हवाओं में खुले हैं।
गंध नहीं फूलों में छिपती है,
सूनी घाटी को महकाती है।
धुएँ की लकीरें जल जाती हैं,
ज्योति जब निगाहों में आती है।
आँधी कब मुट्ठी में बँध पाई
बादल कब बाँहों में तुले हैं!
अनदेखी राहें मिल जाती हैं,
खुल जाते बंद सभी दरवाजे।
नभ के कोने में टकराती हैं,
धरती के भीतर की आवाज़ें।
टूटे संदर्भ जुड़े हैं जब-जब
सदियों के पाँव हिले-डुले हैं।

–खुले हाथ–'ज्ञानोदय', मई 64, पृ. 31

2. युयुत्सा और आक्रोश का बोध

'नयी कविता' के भाव-बोध का एक आयाम जीवन के साथ युद्ध का बोध है। प्रायः सभी कवियों ने 'नयी कविता' के दूसरे दौर में इस तरह की कविताएँ लिखी हैं। 'नवगीत' के उन्नायक डॉ. शंभुनाथ सिंह के निम्नलिखित गीत में युयुत्सा का भाव स्पष्टतः दृष्टिगोचर होता है।

यों अँधेरा अभी पी रहा हूँ
रोशनी के लिए जी रहा हूँ।
तेज़ बदबू, सड़न और मैं हूँ
हड्डियों, पसलियों, चीथड़ों का
सर्द वातावरण और मैं हूँ।
यों अकेला नरक भोगता भी
मैं सभी के लिए जी रहा हूँ
सर उठा धूल मैं झाड़ता हूँ
और जाले तने फाड़ता हूँ
फिर दरारों भरे इस कुएँ में
दर्द की खूँटियाँ गाड़ता हूँ।
चाँद के झूठ को जानता भी
चाँदनी के लिए जी रहा हूँ।

—धर्मयुग, 1970

3. आत्मान्वेषण और आत्मोपलब्धि

आधुनिकतावाद का एक पक्ष वर्तमान समाज की बढ़ती हुई निष्क्रिय या ध्वंसात्मक भीड़-भावना (माबोक्रेसी) के बीच व्यक्ति के निजत्व की मौलिकता, उत्कृष्टता और विशिष्टता की खोज से संबंधित है। आधुनिकता की यह अनिवार्य शर्त है कि व्यक्ति के जीवन में गतिशीलता और सर्जनात्मकता हो क्योंकि व्यक्ति, समाज से हटकर या अकेला होकर अपनी मौलिकता या सार्थकता को रेखांकित नहीं कर सकता। सामाजिक संदर्भों में ही वह अपने को व्यक्त करता हुआ स्वयं अपनी ही आंतरिक शक्ति को उपलब्ध करता है। इसे व्यक्ति की आत्मोपलब्धि कह सकते हैं। सर्जनात्मकता साधन है और आत्मोपलब्धि साध्य। व्यक्ति विशेष की सर्जनात्मकता और आत्मोपलब्धि पूरे समाज की उपलब्धि हुआ करती है। 'नयी कविता' के कवियों में आत्मोपलब्धि का यह गुण बहुत अधिक है। नवगीतकारों में भी आत्मोपलब्धि और संकल्प-सिद्धि का स्वर वर्तमान है। 'जलते शहर में' के रचनाकार उमाशंकर

तिवारी की निम्नलिखित गीत-पंक्तियाँ इसका उदाहरण हैं–

पिछली सारी रातें बीत गईं,
आने वाले दिन की बात करो।।
सर टकराते क्यों सूनेपन से।
जो कुछ लेना हो, लो जीवन से।।
बहुत हुईं नक्षत्रों की बातें,
कुछ तो घर-आँगन की बात करो।।
देखी तो होंगी दुर्घटनाएँ।
गलियों, सड़कों पर दाएँ-बाएँ।।
द्वार पर अचीन्हा सन्नाटा है
खुलकर बोलो, मन की बात करो।।
आख़िर आवाज़ों पर ताले क्यों?
इतना-सा बोझ हम सम्भाले क्यों?
नीलामी की शर्तें तोड़ो भी
मुक्ति की, खुलेपन की बात करो।।

–आने वाले दिन की बात करो,
'जलते शहर में', पृ. 23

4. प्रेमानुभूति

प्रेम, कविता का सनातन विषय है जिसकी अभिव्यक्ति प्रत्येक युग का कवि समकालीन जीवन-संदर्भों के अनुरूप अपने ढंग से करता रहता है। आधुनिक युग में प्रेममूलक अभिव्यक्तियों की स्थिति थोड़ी भिन्न है। उसका आदर्शवादी रूप खोखला और निरर्थक हो गया है। किंतु प्रेमानुभूति के नए पहलू अधिक चमकदार होकर उभर आए हैं। 'नयी कविता' तथा 'नवगीत'–दोनों ही काव्य-विधाओं में प्रेमानुभूति विविधरूपा होकर सामने आई है। प्रेम की असफलता जनित विह्वलता ने एक तार्किक बोध का स्वरूप धारण कर लिया है जिसमें भावुकता के लिए लेशमात्र भी स्थान नहीं है। 'नवगीत' में मिलन की अनुभूति नए संदर्भों से युक्त होकर गीत में ताज़ा-टटका स्वाद देने लगी है। उदाहरण के लिए बालकृष्ण उपाध्याय की निम्न गीत-पंक्तियाँ द्रष्टव्य हैं–

चंपा फूल उँगलियों वाले हाथ जुड़े।
देखा कि ये परत हिम का
आदिम गलना।

सच, बिल्कुल अनकहे,
हो गया सब कहना।
गीत, मौन ने सौ-सौ अपने आप गढ़े।
बोध पारदर्शी निमिषों का
हुआ नया।
परिचय गंधवती लहरों में
डूब गया।
काँप रहे ऋजुलय पर हम सम्पृक्त खड़े।
घिरा शती पर
बारूदी कुहरा, टूटा।
उतर मुखौटा गया
घुटन वाला झूठा।
बने खाइयों पर पल भर में सेतु बड़े।

—जुड़े हाथ (बालकृष्ण उपाध्याय)
—'शताब्दी', पृ. 9

5. दार्शनिक दृष्टिकोण (अस्तित्ववादी दर्शन)

इस युग की 'नयी कविता' में छायावाद-युग के समान ही विभिन्न दार्शनिक विचारधाराओं के गहरे प्रभाव दिखलाई पड़ते हैं। कहीं तो दर्शन, विवेचना के स्तर पर व्यक्त हुआ है तो कहीं यह दार्शनिकता आत्मविश्लेषण और जगत के अबूझ रहस्यों के उद्घाटन के रूप में अभिव्यक्त हुई है। जहाँ 'अज्ञेय' जैसे कवि 'आँगन के पार द्वार', 'अरी, ओ करुणा प्रभामय' तथा 'असाध्य वीणा' में रहस्यवादियों की तरह आत्मा और ब्रह्म का एकत्व प्रतिपादित कर रहे हैं, वहीं कुछ दूसरे 'नयी कविता' के प्रतिनिधि कवि पाश्चात्य सभ्यता से ऊबे हुए ज्याँ पाल सार्त्र जैसे दार्शनिकों के अस्तित्ववादी दर्शन से प्रभावित होकर काव्य-रचना करते दिखलाई पड़ते हैं। नवगीत के रचनाकारों में शंभुनाथ सिंह ने कई ऐसे गीत लिखे हैं जिनमें अस्तित्ववादी दर्शन का पूर्ण प्रभाव दिखलाई पड़ता है। उनका 'बंद कमरे का सफर' शीर्षक गीत इसी प्रकार का है—

जब से सूना पड़ा महल है बरकरार अभी
ज्यों के त्यों हैं वे सभी साज औ सिंगार अभी
इस महल में ही जनम-कैद मिली है मुझको
बंद कमरों के सफर के हैं दिन हज़ार अभी

तोड़ शीशे की ये दीवारें कहाँ जाऊँगा?
मुझको बाहर का पता है, 'कहीं कुछ भी तो नहीं'।
—बन्द कमरों का सफर, 'धर्मयुग', 1961

6. सामाजिक विसंगतियाँ

आधुनिक जीवन में व्याप्त दैन्य, दुःख, अन्याय, अत्याचार और असत्य की अनुभूति आज के युग के कवियों को जितनी है, उतनी पहले के कवियों को नहीं थी। इन सामाजिक परिस्थितियों में परिवार और व्यक्तित्व का इतना विघटन हो चुका है कि व्यक्ति अपने को विवश, असमर्थ और शव के समान निष्पंद और जड़ महसूस करने लगा है। 'नयी कविता' और 'नवगीत' दोनों ही विधाओं में इन विसंगतियों का चित्रण समान रूप से हुआ है। नवगीतकार माहेश्वर तिवारी में विसंगतियों के सूक्ष्म एवं सांकेतिक चित्रांकन की विलक्षण प्रतिभा है। दृष्टांत स्वरूप उनका एक गीत प्रस्तुत है—

धुएँ में जिया पिछला साल।
चौखट से विदा ले रहा बाँहों में दाबे
कई पर्त नीली खाल।
धूप पुती छतों से उड़ी ऊपर
एक कटी-कटी सी पतंग,
फैल गया भूरे आकाश पर
कुछ नीला, कुछ पीला रंग
झूल गई सारे संबंधों पर
नीम की हरी, तीखी डाल।
—वर्ष पैंसठ का गीत, 'धर्मयुग', 1965

7. भीड़ और अकेलापन

आधुनिक सभ्यता की अभिशप्त स्थिति यह है कि उसमें मानवीय संबंध विकृत हो गए हैं, समाज भी भीड़ में बदल गया है जिसमें हर संवेदनशील व्यक्ति अपने को कटा हुआ और अकेला महसूस करता है। 'नयी कविता' के कवि रघुवीर सहाय और वरिष्ठ रचनाकार शंभुनाथ सिंह की रचनाओं में अकेलेपन का यह भाव-बोध प्रभावपूर्ण ढंग से अभिव्यक्त हुआ है। यहाँ नवगीतकार शंभुनाथ सिंह की गीत पंक्तियाँ उदाहरणार्थ प्रस्तुत की जा रही हैं—

ढंग हैं, सलीके हैं,

तौर हैं, तरीके हैं,
स्वाद ज़िंदगी के सब
किंतु यहाँ फीके हैं।
आसपास दुनिया की
भाग-दौड़, हलचल है,
काम हैं, झमेले हैं—
हम जहाँ अकेले हैं।
भीड़ और मेले हैं,
किंतु हम अकेले हैं,
हर जगह अकेले हैं।

—शंभुनाथ सिंह : 'अकेले हैं'
जहाँ दर्द नीला है : पृ. 15

8. अजनबीपन

'अजनबीपन' का बोध भी अस्तित्ववादी दर्शन का ही एक अंग है। यह एक ऐसा दृष्टिकोण है जो व्यक्ति को समाज के लोगों से काटकर अलग कर देता है क्योंकि यह दुनिया उसे अजीबोगरीब, सड़ी-गली और बेतुकी जान पड़ती है। ऐसे समाज के साथ वह अपना ताल-मेल नहीं बिठा पाता। उसकी एक अलग-सी दुनिया बन जाती है जिसमें उसके सिवा और कोई नहीं होता। इस संसार में वह अपने को अर्थहीन और निरुद्देश्य पाता है, सारी दुनिया उसको ऊलजलूल और उजाड़-सी प्रतीत होने लगती है। 'नयी कविता' के मुक्तिबोध, कैलाश वाजपेयी, अशोक वाजपेंयी और केदारनाथ सिंह की तरह नवगीतकारों में भी अजनबीपन का यह बोध वर्तमान है। शंभुनाथ सिंह का ही एक दूसरा गीत अजनबीपन का उत्कृष्ट नमूना है—

कोई आसमाँ नहीं है,
कहीं भी ज़मीं नहीं है।
कोई शोरगुल नहीं है,
कहीं आदमी नहीं है।
सभी कुछ धुआँ-धुआँ है,
यह अँधेरे का कुआँ है।
नहीं चाँद है, न तारे
कहीं चाँदनी नहीं है।
कहीं बस्तियाँ नहीं हैं,

कोई रोशनी नहीं है।

—शंभुनाथ सिंह : 'समय का खँडहर'
जहाँ दर्द नीला है : पृ. 5

9. भय, आशंका और संत्रास का बोध

नयी कविता-युग की बहुत सी कविताएँ ऐसी हैं, जिनमें आतंक का भाव भयावह और बीभत्स छायाभासों के रूप में व्यक्त हुआ है। व्यक्तिगत या सामाजिक जीवन में जब भीड़ अपने ही अंगों या व्यक्तियों को कुचलती हुई निकल जाती है, तब प्रबुद्ध कवि की प्रतिक्रिया या तो असंतोषपूर्ण विद्रोह का रूप ले लेती है या आत्मकेंद्रित हो जाती है। कवि ऐसी स्थिति में मानसिक ग्रंथियों का शिकार हो जाता है और काल्पनिक भय, आशंकाओं और मृत्यु की अनुभूति से पीड़ित होकर अभिव्यक्ति का मार्ग ढूँढ़ने लगता है। पश्चिमी साहित्य में यह प्रवृत्ति अत्यधिक प्रबल रही है। इस युग की भारतीय कविताओं में भी संत्रास का यह स्वर मुखरित होता रहा है। नवगीतकार ओम् प्रभाकर का एक बहुप्रशंसित गीत 'उफ़्, यह समय झरता हुआ' भय और संत्रास-बोध का उत्कृष्ट उदाहरण है। इसी प्रकार नवगीतकार माहेश्वर तिवारी का एक गीत 'हम तनहा होते हैं, जब आज के चतुर्दिक व्याप्त संत्रास का पूर्ण बोध कराता है जिसका एक बंद नीचे दिया जा रहा है—

हम तनहा होते हैं जब,
अक्सर हम तनहा होते हैं जब
एक प्रश्न बार-बार खुद को दुहराता है।
पंजों में दाब कर हवा उड़ती
जली हुई चमड़ी की गंध
रोक नहीं पाते हैं उसे
इत्र में डूबे रूमालों वाले ये
अनगिन प्रतिबंध
कौन हमें चूल्हे की आँच में
जिंदा खरगोश-सा पकाता है।

—'हम तनहा होते हैं जब'
माहेश्वर तिवारी, 'धर्मयुग', 1974

10. लघुता और मामूलीपन का बोध

आधुनिकता के अनिश्चित वातावरण में विराटता और महानता का आदर्श समाप्त

हो गया है क्योंकि सामान्यतः मध्यवर्गीय व्यक्ति के लिए महान बनना उपभोक्तावादी युग में एक असंभव व्यापार है। इसलिए कवियों ने अपने यथार्थ और सीमित दायरे वाले व्यक्तित्व को ही प्रस्थापित करने की दृष्टि से लघु मानव के गौरव की अनुभूति की। उन्होंने अपनी लघुता कों ही बड़ा मान लिया। सर्वेश्वर दयाल सक्सेना का निम्नलिखित प्रसिद्ध गीत इस दृष्टि से मामूलीपन के संदर्भ से जुड़ा हुआ विशुद्ध नवगीत है–

जब-जब सिर उठाया
अपनी चौखट से टकराया।
'शीश झुका आओ' बोला
बाहर का आसमान,
'शीश झुका आओ' बोलीं
भीतर की दीवारें,
दोनों ने ही मुझे
छोटा करना चाहा।
बुरा किया मैंने जो
यह घर बनाया।

–जब-जब सिर उठाया : सर्वेश्वर दयाल सक्सेना
बाँस का पुल : पृ. 21

11. वैज्ञानिकता-बोध

इस युग में आधुनिकता के नए-नए मानदण्ड निर्धारित हुए। व्यक्ति की भोगी हुई स्थितियों की प्रामाणिक अनुभूतियों को व्यक्तित्व की आंतरिक शक्ति की उपलब्धि और अमूर्त सत्यों के साक्षात्कार को आधुनिकता-बोध की अभिव्यक्ति माना जाने लगा। इस परिवर्तन का आधार था नए कवियों का सतत विकसमान मानस-लोक। ग्लोबलाइजेशन के चलते आज दुनिया छोटी हो गई है। विभिन्न देशों के बीच सांस्कृतिक-वैचारिक अंतरावलंबन बढ़ गया है और वैज्ञानिक तथा प्राविधिक संचार मूलक उपलब्धियों ने संसार के सभी मनुष्यों को एक बना दिया है। फलतः मानव की मूर्ति लघु न होकर विराट बनती जा रही है। विज्ञान वस्तुओं की बाह्य स्थूल सत्ता के भीतर निहित सूक्ष्म शक्तियों का स्वरूप उद्घाटित कर रहा है और भौतिकी तथा गणित की उपलब्धियों के फलस्वरूप समस्त ब्रह्माण्ड से हमारा परिचय बढ़ता जा रहा है। 'नयी कविता' में यह वैज्ञानिक बोध अपनी संपूर्ण काव्य-संभावनाओं के साथ पल्लवित है और 'नवगीत' में भी इस विधा के आचार्य कवि डॉ. शंभुनाथ

सिंह ने इस नए आयाम को अपने नवगीतों में सफलता के साथ उद्‌घाटित किया है। उनकी 'अंतरिक्ष-यात्रा' शीर्षक गीत में मानव की इस वैज्ञानिक उपलब्धि का भावात्मक चित्र अंकित किया गया है–

टूट गए बंधन सब, टूट गए घेरे
और कहाँ तक ले जाओगे, मन मेरे।
काल की तरंगों में बह गईं दिशाएँ
प्राण कहाँ पर ठहरें, और कहाँ जाएँ
भारहीन तिरता मैं
आज शून्य मेरे।

–शंभुनाथ सिंह 'अंतरिक्ष यात्रा
जहाँ दर्द नीला है : पृ. 53

12. अस्वीकृति और घृणा

पाश्चात्य शैली की आधुनिकता का दुष्परिणाम यह हुआ है कि कवि अपने को पिंजरबद्ध पक्षी के समान बेबस और असहाय देखने लगा है। वह असंवेदनशील होकर मूल्यहीन या जड़ हो गया है और शैतान का पंजा बनकर अपना ही गला दबोच रहा है। इसी मूल्यहीन परिणति ने 'नयी कविता' जैसी जीवंत विधा के एक बड़े वर्ग को नियतिवादी, अनास्थावादी, अराजकतावादी और अस्वीकृतिवादी बना दिया। इन धारणाओं से परिचालित कवि न तो किसी प्रकार के नैतिक और मानवीय मूल्य का कायल है और न भविष्य या देश के प्रति आस्थावान। उसे समूची व्यवस्था और तंत्र से घृणा हो जाती है। कैलाश वाजपेयी की कविताओं में यह अस्वीकृति अत्यधिक मुखर है। नवगीतकार उमाशंकर तिवारी के 'आवारेपन का गीत' शीर्षक कविता में अस्वीकृति का यह स्वर निरुद्देश्य क्रियाओं के रूप में व्यक्त किया गया है–

पूरा इतवार है हमारा,
गा लें हर गीत हम दुबारा।
तारीखें पाँवों से रौंदें
घर मानें धूल के घरौंदे।
कैलेण्डर हवा में उछालें,
बेमानी ये सारे सौदे।
भूलें हम आसपास सारा।
फाड़ें दिन का कागज़ रद्दी,

फैलाएँ मन की चौहद्दी।
उल्टा करके हम लुढ़का दें,
अपनी कुर्सी, अपनी गद्दी।
होठों पर बातें आवारा,
पूरा इतवार है हमारा।

—जलते शहर में : उमाशंकर तिवारी : पृ. 8-9

13. प्रकृति का नवीन बोध

प्रकृति के साथ मनुष्य का संबंध बार-बार बदलता रहा है, तदनुरूप कवि की अभिव्यक्तियाँ भी बदलती रही हैं। प्रयाग शुक्ल के अनुसार 'आधुनिक जीवन में प्रकृति, मानव के सुख-साधन का एक प्रमुख अंग बन गई है। इसलिए उसके साथ आज के कवियों का संबंध छायावादियों जैसा आध्यात्मिक और आदर्शवादी नहीं रह गया है।'[1] आज वह शृंगारिक उद्दीपन या अलंकारिक उपमान भी नहीं रह गया है। 'तीसरा सप्तक' के कवि प्रयाग शुक्ल के एक प्रकृति-चित्र में धूप उन्हें सीढ़ियों के घुमावों में ढूँढ़ रही है। नवगीतकार बालकृष्ण उपाध्याय के निम्नलिखित गीत में चाँदनी युग्म साँप के गंध से विषाक्त होती हुई चित्रित की गई है—

युग्म साँप की गंध पवन ले आया है।
तन पर काँटे उगे केवड़े दल वाले
गोपन को कोई कैसे देखे-भाले
मन-प्राणों पर सम्मोहन-सा छाया है।
तपन चाँदनी में, चंदन में भी ज्वाला
ओसकणों में गुँथी चिनगियों की माला
मुझको पहले-पहल सत्य यह भाया है,
युग्म साँप की गंध पवन ले आया है।

—साँप की गंध : बालकृष्ण उपाध्याय
कल्पना—अगस्त 1961 : पृ. 26

14. आंचलिकता-बोध

हिंदी उपन्यास और कथा-साहित्य में आंचलिकता की प्रवृत्ति का उभार भी इसी युग की घटना है जिसका प्रभाव हिंदी कविता पर भी दिखलाई पड़ता है। प्रगति-प्रयोग

---

1. प्रयाग शुक्ल : कल्पना : नवम्बर-दिसम्बर, 1962

के युग में डॉ. रामविलास शर्मा, नरेंद्र शर्मा और अज्ञेय ने ग्राम्य जीवन के जिन यथार्थ चित्रों को गीतिबद्ध किया था, वही 'नयी कविता' में ग्राम-बोध के स्थान पर आंचलिक बोध कहा जाने लगा।

आंचलिकता का बोध वस्तुतः किसी क्षेत्र-विशेष के लोक-जीवन का, भौगोलिक और सांस्कृतिक परिवेश में एक अध्येता के रूप में देखने की प्रवृत्ति का नाम है। इस दृष्टि से किसी भौगोलिक क्षेत्र-विशेष के लोक-जीवन के सुख-दुःख, जीवन-विधि और लोकगीतों के प्रभाव को ग्रहण करके लिखी गई कविताओं को 'आंचलिक कविता' कहा जा सकता है। 'नयी कविता' और 'नवगीत'—दोनों में ही इस बोध की व्यंजना हुई है। पूर्वांचल के नवगीतकार गुलाब सिंह एक ऐसे गीत-हस्ताक्षर हैं जिनके गीतों में पूरा अंचल, पशु-पक्षी मनुष्य बोलते हुए-से जान पड़ते हैं—

हरे लहरे खेत से टहकारती सोना पतारी
ले रहे बाबा हरी का नाम।
खींचती अम्मा पकड़कर कोर चादर की
उठीं दीदी जमीं अँगड़ाइयाँ।
खनकता आँगन सँवरते बरतनों से
लीपती चौका-ओसारा
भोर-सी भौजाइयाँ।
दोहनी में धार, तार सितार के बजते
सुबह के संगीत होते काम।

—गुलाब सिंह : धूल भरे पाँव
'धर्मयुग' अगस्त 1984, पृ. 33

15. नगर-बोध

वर्तमान जीवन की समस्त विसंगतियों का मूल कारण आज का वैज्ञानिक औद्योगीकरण है, जिसका परिणाम बढ़ते हुए महानगर और उनमें बढ़ती हुई भीड़ तथा उसका यांत्रिक जीवन है। महानगरों की इस भीड़ में व्यक्ति की पहचान खो गई है। चीज़ों की शक्लें बदल गई हैं और सभी कुछ गड्डमड्ड हो गया है। इस नगर-बोध की अभिव्यंजना 'नयी कविता' के साथ-साथ 'नवगीत' में भी व्यापक रूप से हुई है। केदारनाथ सिंह की 'प्रतीक्षा के विरुद्ध कुछ पंक्तियाँ' शीर्षक कविता में व्यक्ति के व्यक्तित्व खो जाने का सफल चित्रण किया गया है। इसी प्रकार नवगीतकार उमाशंकर तिवारी के 'शहर पर टूटती टिड्डियाँ' शीर्षक कविता की निम्न पंक्तियाँ नगर-बोध का सफल उदाहरण हैं—

टिड्डियाँ टूटीं शहर पर काँपती हैं नील झीलें।
चोंच में तिनके दबाए,
लौटतीं जब अबाबीलें।
रोज़ की शव-यात्रा सी शाम को
कैसे पुकारें?
क्या करेंगी चींटियों-सी रेंगती
लम्बी कतारें?
अब यही बेहतर कि हम
दुश्वारियों के होंठ सी लें।

—उमाशंकर तिवारी : नवगीत दशक 2, पृ. 72-73

16. शोक-गीत लिखने की प्रवृत्ति

शोक-गीत लिखने की प्रवृत्ति भी हिंदी में पाश्चात्य साहित्य के प्रभाव से ही आई है। वर्तमान समय में निजी संबंधियों, महान व्यक्तियों या बड़े नेता की मृत्यु पर श्रद्धांजलि-गीत लिखने की परम्परा भी इस युग में विकसित हुई। महात्मा गाँधी, जवाहरलाल नेहरू, लाल बहादुर शास्त्री, एडवर्ड कैनेडी आदि के मृत्यु-प्रसंग पर इस प्रकार की ढेर सारी कविताएँ लिखी गईं। सर्वेश्वर दयाल सक्सेना ने अपने पिता की मृत्यु पर एक मार्मिक कविता लिखी जो उनके 'बाँस का पुल' नामक काव्य-संकलन में संकलित है। इसी प्रकार नवगीत-हस्ताक्षर उमाशंकर तिवारी ने अपनी माता की मृत्यु पर एक मार्मिक गीत लिखा है जो उनके काव्य-संकलन 'तोहफे काँचघर के' में संकलित है। उस गीत की पंक्तियाँ नीचे दी जा रही हैं—

मैंने जो मुड़कर देखा...
टूटे गुम्बद, उखड़े तम्बू
धुँधवाती जीवन-रेखा।
जिसको जलसा-घर समझा था,
उसमें जलते मस्तूल मिले।
पानी का बदला रंग मिला,
बहते मुरझाए फूल मिले।
दुख ही बोया, दुख ही काटा
सुख का अधिवास अदेखा।
उखड़ी-उखड़ी-सी दीवारें,
टूटी तलवारें चाँदी की।

कुछ जंग लगी-सी संदूकें,
मैली-सी चादर खादी की।
रातों-रातों रोती मरियम
सिसकी भरती है जुलेखा।

—उमाशंकर तिवारी : तोहफे काँचघर के : पृ. 73

उपर्युक्त विषयगत विवेचन से यह स्पष्ट हो जाता है कि 'नवगीत' आज के दौर की एक विशिष्ट काव्य-विधा है जिसे विकास के शिखर तक पहुँचाने में विभिन्न अंचलों में फैले देश के प्रातिभ रचनाकारों का महत्त्वपूर्ण योगदान है। विशेषतः डॉ. शंभुनाथ सिंह के जेहादी व्यक्तित्व की इसके विकास में एक जबर्दस्त भूमिका रही है। इसलिए 'नवगीत के सफरनामे' में उनके द्वारा चलाए गए अभियान की चर्चा भी एक इतिहास सिद्ध आवश्यक प्रसंग है जिसकी पड़ताल किए बिना इस यात्रा-क्रम को सही ढंग से परिभाषित नहीं किया जा सकता।

डॉ. शंभुनाथ सिंह ने हिंदी के काव्य-पटल पर 'नवगीत' को पूर्णतः प्रतिष्ठित करने के लिए बीसवीं सदी के नौवें दशक में जो कार्य किया, वह स्तुत्य एवं सराहनीय है। वे हिंदी नवगीत के वैतालिक है। उन्होंने इस विधा को अपने रचना-कर्म से तो समृद्ध किया ही, उसके घोषणा-पत्र, प्रतिमान-निर्धारण, प्रचार-प्रसार एवं समवेत संकलनों के प्रकाशन आदि का संपूर्ण दायित्व अपने ऊपर ले लिया और अपनी सिद्ध सांगठनिक क्षमता के बल पर उसे समकालीन कविता के शीर्ष तक पहुँचा दिया।

उन्होंने सन् 1982, 83, 84 और 1986 ईस्वी में क्रमशः नवगीत दशक-1, नवगीत दशक-2, नवगीत दशक-3 तथा नवगीत अर्धशती जैसे नवगीत के महत्त्वपूर्ण संकलनों का प्रकाशन किया। ये वर्ष हिंदी नवगीत काव्येतिहास की महत्त्वपूर्ण घटनाओं के वर्ष कहे जाएँगे क्योंकि उन्होंने इन वर्षों में न केवल इन ग्रंथों का प्रकाशन किया, बल्कि चारों ग्रन्थों की सुविचारित भूमिकाओं में 'नवगीत' के शास्त्र का आख्यान किया और देश के विभिन्न प्रांतों की राजधानियों और शक्ति केंद्रों पर विमोचन-समारोहों के माध्यम से द्वेष-पुरुषों के प्रत्याख्यान का दो टूक उत्तर भी दिया। उन्होंने 'नवगीत-दशकों' के प्रकाशन को 'सप्तकों' की तर्ज पर मुहिम चलाने के आरोप का बलपूर्वक खंडन किया और 'नवगीत' को हिंदी काव्य की स्वाभाविक धारा निरूपित करते हुए इस बात को रेखांकित किया कि 'नवगीत' नयी कविता वादियों द्वारा अवमानित एवं उपेक्षित किये जाने के बावजूद न तो कभी चुका और न काव्य-मूल्यों से च्युत हुआ। अगस्त 1982 में नवगीत-दशक-1 को लोकार्पित करते हुए तत्कालीन प्रधानमंत्री श्रीमती इंदिरा गाँधी ने कहा था कि

साहित्यकारों का यह वर्ग देश की परम्पराओं से जुड़ा है और भारतीय अस्मिता की पहचान है। नवगीत-दशक-1 में स्वतंत्र भारत के प्रथम दशक में उभरे दस ऐसे चुनिंदा नवगीतकार संकलित हैं, जिनकी मूल काव्यात्मक संवेदना नवगीतात्मक है और वयःक्रम के आधार पर सभी 1935 से पूर्व जन्मे हैं। डॉ. शंभुनाथ सिंह के अतिरिक्त वे हैं—नईम, सोम ठाकुर, देवेंद्र शर्मा इंद्र, देवेंद्र कुमार, भगवान स्वरूप, उमाकांत मालवीय, शिवबहादुर सिंह भदौरिया, रामचंद्र चंद्रभूषण और ठाकुर प्रसाद सिंह। इसी प्रकार नवगीत दशक-2 में दस नवगीतकार संकलित हैं जिनका काव्य सृजन सातवें दशक में 'नवगीत' को युग-अभिव्यक्ति का माध्यम बनाकर प्रस्तुत हुआ और उसे वांछित दिशा दे सका। ये नवगीतकार पहले दशक में सम्मिलित रचनाकारों की अगली कड़ी हैं। उनका जन्म सन् 1935 से 1950 के बीच हुआ और वे स्वतंत्र भारत के दूसरे चरण (1961 ई. से आगे) में विशेष रूप से प्रचारित हुए। कुमार शिव, अनूप अशेष, राम सेंगर, ओम् प्रभाकर, उमाशंकर तिवारी, कुमार रवींद्र, गुलाब सिंह, श्रीकृष्ण तिवारी, माहेश्वर तिवारी, अमरनाथ श्रीवास्तव की रचनाओं से युक्त इस संग्रह की भूमिका में डॉ. शंभुनाथ सिंह ने 'गीत' की प्रवृत्ति, प्रकृति, प्रकार और विकास का रेखांकन, गीत और नयी कविता, पारंपरिक गीत और 'नवगीत' आदि का विवेचन तथा पहचान का बिंदुवार विश्लेषण किया।

नवगीत रचना-यात्रा में सातवें दशक के उत्तरार्ध से लेकर आठवें दशक के प्रारंभिक वर्षों तक प्रतिष्ठित अखिलेश कुमार सिंह, राजेंद्र गौतम, डॉ. सुरेश, सुधांशु उपाध्याय, विजय किशोर 'मानव', योगेंद्र दत्त शर्मा, जहीर कुरेशी, बुद्धिनाथ मिश्र तथा विनोद निगम नवगीत दशक-3 के रचनाकार हैं। ये रचनाकार न सिर्फ निकट-समवयस्क (1945-50 ई. के बीच जन्मे) हैं, बल्कि इनकी भावाभिव्यक्ति में भी प्रायः समरसता और एक सी तलब अनुभूति और व्यंग्यात्मक पुट है। इस संकलन की भूमिका में डॉ. शंभुनाथ सिंह ने छंद की महत्ता और छंदाश्रित नवगीत के माध्यम से काव्य के अनेक रूपों में नवगीत-सृजन की नयी दिशाएँ उद्घाटित करने की आशा प्रकट की है।

इस प्रकार नवगीत-रचना-यात्रा के पचास वर्षों को 'नवगीत की पूर्णता' मानकर डॉ. शंभुनाथ सिंह ने 1986 ई. में 'नवगीत-अर्धशती' नामक वृहद् संकलन प्रकाशित किया। इसमें वर्णानुक्रम से निराला से लेकर हृदय चौरसिया तक के इक्यासी रचनाकारों के नवगीत संकलित हैं। निस्संदेह यह ग्रंथ हिंदी नवगीत-विधा की अर्धशताब्दी का रचनात्मक अभिलेख है। इन पचास वर्षों की कालावधि में [illegible] प्रतिष्ठित 'नवगीत' ने जो कीर्ति पाई, उसमें निश्चित रूप से उन समारोहों [illegible]ेष योगदान है, जो नवगीत दशकों एवं 'अर्धशती' के लोकार्पण के अवसर

पर विभिन्न सत्ता-पीठों में आयोजित किये गए। नवगीत दशक-2 के विमोचन के अवसर पर जुलाई 1983 में भोपाल के भारत-भवन ने 'छंद-प्रसंग' नाम से दो दिवसीय परिसंवाद एवं रचना-गोष्ठी आयोजित की। 'नवगीत' के बहाने छंद की महत्ता का स्वीकार एक प्रकार से इस गोष्ठी की उपलब्धि थी। इस समारोह में शमशेर बहादुर सिंह, ठाकुर प्रसाद सिंह, आचार्य विनय मोहन शर्मा और स्वर्गीय वासुदेव सिंह आदि ने भाग लिया।

नवगीत दशक-3 का लोकार्पण महीयसी महादेवी ने लखनऊ में किया। इस अवसर पर पारंपरिक गीत और नयी कविता की वैचारिक पार्श्वभूमि में नवगीत के स्वरूप, चेतना व युग-दृष्टि पर विचार तथा उसके व्यक्तित्व को परिभाषित करने के उल्लेखनीय प्रयास हुए। नवगीतकार उमाशंकर तिवारी एवं ओम् प्रभाकर ने 'नवगीत की परख और पहचान' शीर्षक दो पर्चे भी पढ़े। महादेवी जी के अतिरिक्त इस समारोह में डॉ. शिवमंगल सिंह 'सुमन, डॉ. शंभुनाथ सिंह, डॉ. जगदीश गुप्त, ठाकुर प्रसाद सिंह, ओम् प्रभाकर, उमाशंकर तिवारी, गुलाब सिंह, माहेश्वर तिवारी, शिवबहादुर सिंह भदौरिया, दिनेश सिंह, डॉ. पुष्पपाल सिंह, डॉ. विश्वनाथ प्रसाद, देवेंद्र शर्मा इंद्र, राजेंद्र गौतम, डॉ. सुरेश आदि प्रतिष्ठित साहित्यकारों ने हिस्सेदारी की और समारोह को ऐतिहासिक स्वरूप प्रदान किया।

इसके बाद वर्ष 1986 में नवगीत अर्धशती का विमोचन बम्बई में हुआ। मार्च 1986 के प्रारंभिक सप्ताह में पंडित नरेंद्र शर्मा की अध्यक्षता में माटुंगा बम्बई के सभागार में डॉ. धर्मवीर भारती ने इसे समारोहपूर्वक लोकार्पित किया। इस अवसर पर आधुनिक भारतीय भाषाओं में नवगीत वर्तमान और भविष्य तथा भारतीय काव्य परम्परा और नवगीत जैसे अछूते विषयों पर शोध-निबंध पढ़े गए। इन गोष्ठियों में डॉ. चंद्रकांत बांदिवडेकर तथा डॉ. उमाशंकर तिवारी जैसे विषय-प्रवर्तकों के साथ-साथ डॉ. भगीरथ दीक्षित, डॉ. रामजी तिवारी, डॉ. रविनाथ सिंह, डॉ. प्रभात, डॉ. विनोद गोदरे, डॉ. त्रिभुवन नाथ राय, डॉ. राधेमोहन शर्मा, मराठी के शंकर वैद्य, उड़िया के गोरा महंति, गुजराती के प्रद्युम्न लाल बरोट, कन्नड़ के डॉ. चिदंबर दीक्षित, मराठी के शांताराम नादगाँस्कर, पंजाबी के अजीत सिंह 'जीत' और कन्नड़ के बी. ए. सनदि ने विचार-विमर्श एवं काव्य-पाठ किए।

इसी वर्ष अप्रैल में मऊनाथ भंजन में, मई में धनबाद (बिहार) में, अगस्त में इलाहाबाद में और दिसम्बर में वाराणसी में अर्धशती-समारोह के आयोजन हुए जिनमें डॉ. शंभुनाथ सिंह के अतिरिक्त श्रीकृष्ण तिवारी, उमाशंकर तिवारी, डॉ. जगदीश अतृप्त, माहेश्वर तिवारी, डॉ. सुरेश और डॉ. श्रीराम वर्मा, ओम् प्रभाकर तथा डॉ. सत्येंद्र शर्मा आदि ने भाग लिया। इसी दौर में 28 फरवरी और 1 मार्च 198

को गाजियाबाद में दो दिवसीय परिसंवाद भी आयोजित हुआ जिसके अध्यक्षीय उद्‌बोधन में प्रभाकर माचवे ने गद्य-कविता की गति और मति पर खुलकर निराशा प्रकट की और 'नवगीत' को भारतीय अस्मिता की मनोभूमि कहा। इसी क्रम में दूसरे दिन दिल्ली में भी शीर्षस्थ समीक्षक डॉ. नगेंद्र की अध्यक्षता में एक परिसंवाद मूलक कवि-गोष्ठी संपन्न हुई जिसमें श्री गिरिजा कुमार माथुर, विजयेंद्र स्नातक, डॉ. कृष्ण दत्त पालीवाल, रमानाथ अवस्थी, रामदरश मिश्र, रमेश रंजक, विजय किशोर मानव, बलदेव वंशी, उमाशंकर तिवारी, माहेश्वर तिवारी और गुलाब सिंह ने भाग लिया। यही नहीं उपर्युक्त समवेत संकलनों के अतिरिक्त नवें दशक में प्रतिष्ठित नवगीतकारों के अनेक स्वतंत्र संकलन प्रकाशित हुए जिनमें से अधिकांश प्रशंसित और उत्तर प्रदेश हिंदी संस्थान तथा अन्य संस्थाओं द्वारा पुरस्कृत हुए। इन संकलनों में उमाशंकर तिवारी कृत 'जलते शहर में' 1968, विनोद निगम कृत 'जारी हैं लेकिन यात्रायें' (1981), श्रीकृष्ण तिवारी कृत 'सन्नाटे की झील' (1981), माहेश्वर तिवारी कृत 'हरसिंगार कोई तो हो' (1981), उमाकांत मालवीय कृत 'एक चावल नेह रींधा', राजेंद्र गौतम कृत 'गीत पर्व आया है' (सभी 1983) बुद्धिनाथ मिश्र कृत 'जाल फेंक रे मछेरे' (1983), कुमार रवींद्र कृत 'आहत हैं बन', रमेश रंजक कृत 'दरिया का पानी' (1984), अनूप अशेष कृत 'वह मेरे गाँव की हँसी थी', डॉ. शंभुनाथ सिंह कृत 'वक्त की मीनार पर', डॉ. उमाशंकर तिवारी कृत 'धूप कड़ी है' (सभी 1984), गुलाब सिंह कृत 'धूल भरे पाँव' (1987), अमरनाथ श्रीवास्तव कृत 'गेरू की लिपियाँ' (1988), डॉ. शंभुनाथ सिंह कृत 'माता भूमिः पुत्रोऽहं पृथिव्याः' (1988), उमाशंकर तिवारी कृत 'तोहफे काँचघर के' (1996), सोम ठाकुर कृत 'एक ऋचा पाटल को' आदि अनेक नवगीत-संकलनों की गुणात्मक समृद्धि प्रकारांतर से 'नवगीत' को आधुनिक कविता की एक सशक्त धारा के रूप में प्रतिष्ठित करती है।

इस दशक में नवगीत-रचना एवं आलोचना को पाठकों तक पहुँचाने और लोकप्रिय बनाने का दायित्व नवगीत-संकलनों के अतिरिक्त विभिन्न स्थानों से प्रकाशित होने वाली नवगीत की पत्रिकाओं (समांतर, नवगीत, उत्तरा, ऋतुचक्र, अंतराल, शब्दिता, आईना आदि) ने बखूबी निभाया।

यही नहीं, बड़ी पत्रिकाओं में 'धर्मयुग' ने इसे विशेष महत्त्व दिया। अप्रैल 1982 के दो अंकों में डॉ. विश्वनाथ प्रसाद द्वारा लिखित 'हिंदी नवगीत और नवगीतकार' शीर्षक लेख प्रकाशित हुआ। इस आलेख ने हिंदी जगत में कुछ ऐसी विचारोत्तेजना उत्पन्न की कि अगस्त, 1982 के अंक में 'नवगीत' से जुड़े राजेंद्र प्रसाद सिंह एवं रामनरेश पाठक की तार्किक प्रतिक्रियायें सामने आईं और साथ ही लेख के प्रवर्तक डॉ. विश्वनाथ प्रसाद का प्रत्युत्तर भी सामने आया। अगस्त

1982 के ही दो अंकों में 'नवगीत' को लेकर नवगीतकारों की एक सार्थक परिचर्चा 'धर्मयुग' में प्रकाशित हुई, जिसमें 'नवगीत' के महत्त्वपूर्ण पक्षों पर डॉ. शंभुनाथ सिंह, उमाकांत मालवीय, माहेश्वर तिवारी, शांति सुमन, ओमृ प्रभाकर, रमेश रंजक, गुलाब सिंह, अनूप अशेष और डॉ. कुँवर बेचैन के दृष्टिकोण सामने आए। अप्रैल 1986 के अंक में 'नवगीत अर्धशती समारोह' की रपट के क्रम में संपादक की प्रेरणा से कैलाश सेंगर का डॉ. शंभुनाथ से लिया हुआ नवगीत केंद्रित एक लंबा साक्षात्कार भी आया। इसके बाद 'नवगीत-अर्धशती' की पूर्णता के साथ ही डॉ. उमाशंकर तिवारी के संपादन में 'नवगीत के प्रतिमान और आयाम' नामक एक ऐतिहासिक समालोचना-ग्रंथ भी प्रकाशित हुआ जिसमें 'नवगीत' की परख और पहचान, जातीय बोध, जन-बोध, बिंबधर्मिता, जनवादी चेतना, परिवेशगत संदर्भ एवं आधुनिकता-बोध जैसे नवगीत के विभिन्न पहलुओं को रेखांकित करते हुए क्रमशः उमाशंकर तिवारी, गुलाब सिंह, डॉ. जगदीश 'अतृप्त', कांति बाबा साहब लोधी, डॉ. मोहन लाल तिवारी, डॉ. सत्येंद्र शर्मा और डॉ. शंभुनाथ सिंह के लेख संगृहीत हैं। इस पुस्तक में विधागत मान्य प्रतिमानों को लेकर इक्कीस प्रतिष्ठित नवगीतकारों द्वारा हस्ताक्षरित घोषणा-पत्र भी प्रकाशित किया गया है, जिसमें मुख्यतः 'नवगीत' के निम्नलिखित आयाम उद्‌घाटित किए गए हैं—

1. भारतीय संस्कृति और भारतीय भूमि से गहरी संसक्ति
2. आम जनता एवं लोक-जीवन से अटूट लगाव
3. सामाजिकता-बोध और जीवन के केंद्र में घर की प्रतिष्ठा
4. वैज्ञानिक दृष्टिकोण और आधुनिकता की विकृतियों के विरुद्ध जागरूकता
5. सामाजिक, आर्थिक और राजनीतिक विसंगतियों, अन्याय और शोषण के विरुद्ध आक्रोश और विद्रोह की प्रवृत्ति।

वस्तुतः 'नवगीत' भारतीय काव्य की 5000 वर्षों की अखण्ड परम्परा की अंतिम कड़ी है। उसका एक छोर तो वैदिक काल से जुड़ा है और दूसरा रवींद्र संगीत या कुमार गंधर्व की संगीतात्मक लयात्मकता या लोक गीतों की स्वर-माधुरी से रचा-बचा है। इसी तरह वह यदि पद-परम्परा या नाद-योजना में सूर, तुलसी, मीरा और कबीर से लेकर निराला और महादेवी तक की गीत-परम्परा से जुड़ा है तो दूसरी ओर लोकगीतों और लोक धुनों की विस्तृत भूमि पर संचरण करता हुआ-सा दिखलाई पड़ता है।

परिभाषागत दृष्टिकोण से नवगीत सही अर्थों में भारतीय काव्य है। उसमें वैदिक काल से लेकर मध्यकाल तक के सांस्कृतिक बिंबों की बहुलता है। उदाहरण के लिए माहेश्वर तिवारी की गीत-पंक्ति 'आसपास जंगली हवाएँ हैं, मैं हूँ। पोर

पोर जलती समिधाएँ हैं, मैं हूँ।' 'अगले घुटने मोड़े, झाग उगलते घोड़े जबड़ों में कसती वल्गायें हैं, मैं हूँ।' जैसी पंक्तियाँ पढ़कर न केवल अपने अतीत की याद आती है, अपनी संस्कृति के प्रति आस्था भी उत्पन्न होती है।

नवगीत का एक और आयाम वह है जो सीधे देश की एक अरब जनता से जुड़ा हुआ है। छायावाद-युग से लेकर नयी कविता-काल तक कोई भी काव्य-धारा भारतीय लोक से इस क़दर जुड़ी हुई नहीं दिखलाई पड़ती। भक्तिकालीन कवियों की तरह जनता को संबोधित करने वाली कविता 'नवगीत' के अतिरिक्त दूसरी कोई नहीं है। उसका प्रारंभिक आचरण गाँवों के आंचलिक जीवन से गहराई तक जुड़ा हुआ है जिसमें एक तरफ ग्रामांचल के मनुष्य, पशु-पक्षी, वनस्पतियाँ, खेत-खलिहान, नदी-नाले, पहाड़ आदि के गत्यात्मक एवं स्थिर बिंब चित्रित हैं तो दूसरी ओर आम आदमी की आर्थिक विपन्नता, असहायता, सामाजिक एवं व्यवस्थागत यांत्रिक उत्पीड़न आदि को भी बेहद सहानुभूति के साथ प्रस्तुत किया गया है–'उपले पाथेगी, बासन माँजेगी/पारवती अपनें दिन यों ही काटेगी/आँखों में जंगल या पाँतर होगा/माथे पर लकड़ी का गट्ठर होगा/गुमसुम आएगी, गुमसुम जाएगी/सूरज या बादल की ओर न ताकेगी' (अखिलेश प्रताप सिंह : नवगीत दशक-3) जैसी सैकड़ों पंक्तियाँ नवगीतकारों की ताज़ा पीढ़ी के सजग कृतित्व का ज्वलंत साक्ष्य प्रस्तुत करती हैं।

नवगीत सामाजिक और यथार्थवादी काव्य है। उसमें व्यक्तिवादिता नहीं है। व्यक्तिवादी असंयम या स्वेच्छाचारिता से उसका दूर-दूर तक कोई रिश्ता नहीं है। उसमें सामाजिक मर्यादाओं और पारंपरिक रीतियों को समाजशास्त्रीय मूल्य के रूप में देखा-परखा जाता है।

भारतीय समाज में यद्यपि व्यक्ति को एक महत्त्वपूर्ण इकाई माना गया है किंतु समाज का प्रभावपूर्ण अंग 'घर' या परिवार है। घर से अलग होने पर वह 'बेघर' हो जाता है। यह एक ऐसी स्थिति है जो उसे कत्तई स्वीकार्य नहीं है। वह पुत्र, पति, पिता या भाई के रूप में परिवार का सदस्य होता है और संबंध की यह पारस्परिकता ही घर को अविभाज्य और रहने लायक बनाती है। पाश्चात्य समाज में 'घर' भारतीयों जैसे नहीं होते। इसलिए पाश्चात्य मनोविज्ञान में इसे 'नास्टेल्जिया' कहा जाता है लेकिन नवगीतकार इसे मूल्य की भाँति सहेज कर रखता है। नवगीतकार उमाकांत मालवीय की गीत-पंक्ति 'चंद्रमा उगा गनेश-चौथ का' या माहेश्वर तिवारी की गीत-पंक्ति 'धूप में जब भी जले हैं पाँव, घर की याद आई' इसीलिए बेहद चित्ताकर्षक एवं स्पृस्णीय बन जाती है। युगीन परिस्थितियों को नवगीतकार काल के चतुर्थ आयाम के रूप में ग्रहण करता है और इनके परिज्ञान या पहचान को

ही 'युगबोध' की संज्ञा प्रदान करता है। 'नवगीत' पूर्णतः युग-बोध का काव्य है क्योंकि उसमें युगीन बोध के विविध पक्षों की अभिव्यक्ति हुई है। नवगीतकार को भागते हुए महानगरों और सीमेण्ट के जंगलों के भयावह प्रदूषण और विकृतियों का पूर्ण बोध है जिनको वह अपने गीतों में गत्यात्मक बिंबों एवं स्टिल फोटोग्राफी के माध्यम से अभिव्यक्त करता है। त्रासद परिस्थितियों में प्रेम और सौंदर्य का लालित्यपूर्ण चित्रण उसे दिमागी ऐय्याशी प्रतीत होता है। उसे कई-कई चेहरों वाला आदमी अपने सामने से गुज़रते हुए दिखलाई पड़ते हैं और उनके बीच वह अपने को नितांत अकेला पाता है। उसका यह एकाकीपन और अजनबीपन ही वह यथार्थ-बोध है जिसकी अभिव्यक्ति नवगीतकार ने सर्वाधिक की है।

यही नहीं, 'नवगीत' सही अर्थों में प्रगतिशील और जनवादी काव्य है। राजनीतिक स्थितियों के प्रति नवगीतकार पूर्णतः जागरूक है और निर्भय होकर देश की वर्तमान राजनीतिक दुर्दशा का सांकेतिक चित्रण करता है। वह लोकतांत्रिक समाजवाद के प्रति आस्थाशील है और पक्ष-विपक्ष से अलग स्वपक्ष का हिमायती है।

इस प्रकार 'नवगीत' को परिभाषित करते हुए कहा जा सकता है कि 'वह पूर्ण गीत-रचना जो एक ओर लोक जीवन की ऊर्जा से युक्त हो, भारतीय मिट्टी की सोंधी गंध से जुड़ी हुई हो, अगदित, अकथ्य, ध्वनिरंगी लैण्डस्केपों का चित्रण करती हो और दूसरी ओर समकालीन जीवन-दृष्टि की परिवर्तन मूलक अकुलाहट के नाते विवशता, बेचैनी, ऊब एवं त्रास के भयावह बिंबों की समर्थ अभिव्यक्ति करती हो, नवगीत की संज्ञा से विभूषित हो सकती है।' उसके मूल तत्त्व निम्नलिखित हैं—

गेयता समन्वित छांदसिकता एवं लयात्मकता, स्मरणीयता, आम जन के प्रति संवेदनशीलता, संप्रेषणीयता, बिंबधर्मिता, सादगी, खुलापन, लोकसंपृक्ति, जातीयता-बोध, यथार्थ का आग्रह, जीवन के केंद्र में मानव की प्रतिष्ठा, भारतीय ढंग की आधुनिकता, सांस्कृतिक चेतना, नवता, सौंदर्य प्रेम और मानवीय भाव-स्थितियों की जीवनी-शक्ति के रूप में स्वीकृति।

प्रस्तुत संकलन 'नवगीत-निकष' में इस विधा के आचार्य डॉ. शंभुनाथ सिंह के अतिरिक्त छः प्रमुख नवगीतकारों (देवेंद्र कुमार, माहेश्वर तिवारी, उमाशंकर तिवारी, गुलाब सिंह, अमरनाथ श्रीवास्तव एवं श्रीकृष्ण तिवारी) की तीन-तीन प्रतिनिधि रचनाएँ संकलित की गई हैं। इन सभी नवगीतकारों का जन्म 1935 से 1950 के बीच हुआ है। इन्होंने नवगीत के जन्म के साथ ही अपनी आँखें खोली हैं, और जवान

होने पर स्वतंत्रता-प्राप्ति के बाद वाले मोह-भंग के साक्षी रहे हैं। देवेंद्र कुमार आचार्यों की पीढ़ी वाले दौर के एक समर्थ रचनाकार हैं। विद्वान विचारक डॉ. भवदेव पाण्डेय के 'आज' के साप्ताहिक विशेषांक में प्रकाशित सन् 1968 के विशिष्ट निबंध 'नवगीत में तिवारी त्रयी' में संदर्भित (माहेश्वर तिवारी, उमाशंकर तिवारी एवं श्रीकृष्ण तिवारी) नवगीत-विधा के श्रेष्ठ एवं यशस्वी रचनाकार हैं। श्री अमरनाथ श्रीवास्तव बकौल डॉ. जगदीश गुप्त किसी सिंधु घाटी में खोई हुई लिपियों के अनुवाद के कवि हैं तो गुलाब सिंह स्वातंत्र्योत्तर भारत के गूँगे गाँवों के मुखर प्रवक्ता हैं। ये सभी नवगीत-निकष के ऐसे सिद्ध रचनाकार हैं जिन्होंने अपनी कविताओं के माध्यम से समकालीन यथार्थ को वाणी दी है और 'नवगीत' के विभिन्न आयामों को सफलता के साथ उद्घाटित किया है। आशा है, संकलित नवगीतों का पाठ उच्च कक्षाओं के छात्र/छात्राओं के साथ सही और सार्थक संवाद की स्थिति उत्पन्न कर सकेगा।

संकलित नवगीतकार

●

डॉ. शंभुनाथ सिंह

●

देवेंद्र कुमार

●

माहेश्वर तिवारी

●

डॉ. उमाशंकर तिवारी

●

गुलाब सिंह

●

अमरनाथ श्रीवास्तव

●

श्रीकृष्ण तिवारी

डॉ. शंभुनाथ सिंह

बातें घर की

छोड़ो बातें दुनिया भर की,
आओ, कुछ बात करें
घर की।
गमलों को धूप से हटा दो,
बुझी हुई अँगीठी जला दो।
गर्द झाड़ दो इन पर्दों की,
बिस्तर की सलवटें मिटा दो।
लहरों में
डूब दोपहर की।

बाहर ये कितनी आवाज़ें,
शोर-शराबे, बाजे-गाजे।
क्षण भर अपनी भी कह-सुन लें,
बंद करो खिड़की-दरवाज़े।
छोड़ो,
बातें इधर-उधर की।

सड़कों की ये दुर्घटनाएँ,
कमरों के भीतर मत आएँ।
घर के अंदर भी ख़तरे हैं,
देखकर चलो दाएँ-बाएँ।

बिगड़ी हैं
हवाएँ शहर की।

मौसम की ठंड से न काँपें,
भीतर की गर्माहट तापें।
देहरी से आँगन तक चलकर
अनजाने क्षितिजों को नापें।
ओ, मेरी
धूप दिसम्बर की!

(जहाँ दर्द नीला है)

सोनहँसी

सोनहँसी हँसते हैं लोग,
हँस-हँसकर डँसते हैं लोग।

रस की धारा झरती है,
विष पिए हुए अधरों से।
बिंध जातीं भोली आँखें
विष कन्या की नज़रों से।
नागफनी की बाँहों में
हँस-हँसकर कसते हैं लोग।

जलते जंगल-जैसे देश,
और कत्लगाह-से नगर।
पागलखानों सी बस्ती,
चीर-फाड़ घर जैसे घर।
अपने ही बुने जाल में
हँस-हँसकर फँसते हैं लोग।

चुन दिए गए हैं जो लोग,

नगरों की दीवारों में।
खोज रहे हैं अपने को
वे ताज़ा अख़बारों में।
भूतों के इन महलों में
हँस-हँसकर बसते हैं लोग।

भाग रहे पानी की ओर,
आगज़नी में जलते-से।
रौंद रहे हैं अपने को,
सोए-सोए चलते-से।
भीड़ों के इस दलदल में
हँस-हँसकर धँसते हैं लोग।

वे, हम, तुम और ये सभी,
लगते कितने प्यारे लोग।
पर कितने तीखे नाखून
रखते हैं ये सारे लोग।
अपने खूनी दाढ़ों में
हँस-हँसकर ग्रसते हैं लोग।

(जहाँ दर्द नीला है)

ज़िंदगी : एक त्रासदी

घूमते चक्र के मंच पर ज़िंदगी,
फिर शुरू हो गई त्रासदी की तरह।
नील पर्दा गिरा तो सबेरा मिला,
नील पर्दा उठा तो अँधेरा मिला।
काठ की पुतलियों का शुरू हो गया,
सूत्र से यों बँधा नृत्य का सिलसिला।
इस धुआँकश अँधेरे भरे हाल में
एक क्षण लग रहा है सदी की तरह।

फिर समर्पित हुए हम उसी क्रास को,
फिर घिरा पा रहे एक संत्रास को।
देखने फिर लगे आँख में घूरते
लाल आँखें किए क्रूर इतिहास को।
फिर ढकेले गए इस गुफा बीच हम
मौत के द्वार पर ज़िंदगी की तरह।

फिर ध्रुवों की तरफ से हवाएँ चलीं,
सुगबुगाने लगी आग फिर जंगली।
आसमाँ हो गया चक्रवातों भरा,
काँपने फिर लगी हर सड़क, हर गली।
हैं दिशाएँ गरजने लगीं सिन्धु-सी
फिर समय रो उठा आदमी की तरह।

देखने सब लगे प्रेत ज्यों पास में
फ़िर बगूले घुमड़ने लगे साँस में।
एक उल्टी हुई और फिर भर गई,
गंध तेजाब की तीव्र एहसास में।
आदमी जो खड़ा था बुलंदी लिए
आज फिर झुक गया बंदगी की तरह।

(वक्त की मीनार पर)

देवेंद्र कुमार

एक पेड़ चाँदनी

एक पेड़ चाँदनी
लगाया है आँगने...
फूले तो आ जाना...
एक फूल माँगने।

ढिबरी की लौ जैसी लीक चली आ रही,
बादल का रोना है; बिजली शरमा रही।
मेरा घर छाया है
तेरे सुहाग ने।
तन कातिक, मन अगहन बार-बार हो रहा,
मुझमें तेरा कुआर जैसे कुछ बो रहा।
रहने दो
यह हिसाब कर लेना बाद में।

नदी, झील, सागर से रिश्ते मत जोड़ना,
लहरों को आता है, यहाँ-वहाँ छोड़ना।
मुझको पहुँचाया है
तुम तक अनुराग ने।

(एक पेड़ चाँदनी)

हमको भी आता है

पर्वत के सीने से
झरता है झरना,
हमको भी आता है
भीड़ से गुज़रना।
कुछ पत्थर, कुछ रोड़े,
कुछ हंसों के जोड़े।
नींदों के घाट लगे
कब दरियाई घोड़े?
प्यारी है नींद मगर
शर्त है उबरना।

खेतों से, मेंड़ों से
साखू के पेड़ों से।
कुछ ध्वनियाँ आती हैं,
नदी के थपेड़ों से
वर्दी में, सादे में
बाढ़ के इरादे में
आगे-पीछे पानी
देख के उतरना।

गूँगी है, बहरी है....
काठ की गिलहरी है।
आड़ में मदरसे हैं,
सामने कचहरी है!
बँधे-खुले अंगों से
भर पाया रंगों से...
डालों के सेब हैं,
सम्हाल के कुतरना।

(एक पेड़ चाँदनी)

हम ठहरे गाँव के

हम ठहरे गाँव के।
बोझ हुए रिश्ते सब
कंधों के, पाँव के।

भेद-भाव, सन्नाटा....
यह साही का काँटा।
सीने के घाव हुए
सिलसिले अभाव के।

सुनती हो, तुम रूबी,
एक नाव फिर डूबी।
ढूँढ़ लिए नदियों ने
रास्ते बचाव के।

सीना, गोड़ी, टाँगें
माँगें तो क्या माँगें?
बकरी के मोल बिके
बच्चे उमराव के।

(एक पेड़ चाँदनी)

माहेश्वर तिवारी

याद तुम्हारी

याद तुम्हारी जैसे कोई
कंचन-कलश भरे,
जैसे कोई किरन अकेली,
पर्वत पार करे।

लौट रही गायों के संग-संग
याद तुम्हारी आती।
और धूल के संग-संग मेरे
माथे को छू जाती।
दर्पण में अपनी ही छाया-सी
रह-रह उभरे—
जैसे कोई हंस अकेला
आँगन में उतरे।

जब इकला कपोत का जोड़ा
कँगनी पर आ जाए।
दूर चिनारों के वन से
कोई वंशी-स्वर आए।
सो जाता सूखी टहनी पर
अपने अधर धरे—
लगता जैसे रीते घट से
कोई प्यास हरे।

(हरसिंगार कोई तो हो)

धूप में जब भी जले हैं पाँव

धूप में जब भी जले हैं पाँव,
घर की याद आई।
नीम की छोटी छरहरी
छाँव में डूबा हुआ मन।
द्वार का आधा झुका
बरगद : पिता, माँ : बँधा आँगन।

सफर में जब भी दुखे हैं घाव,
घर की याद आई।

यह शहर का शोरगुल
वह गाँव का सूता-परेता।
आग में झुलसी हुई तुलसी
धुएँ में जया-जेता।

रेत में जब भी थमी है नाव,
घर की याद आई।

(हरसिंगार कोई तो हो)

आस-पास जंगली हवाएँ हैं

आस-पास जंगली हवाएँ हैं,
मैं हूँ।
पोर-पोर जलती समिधाएँ हैं,
मैं हूँ।

आड़े-तिरछे
लगाव,
बनते जाते

स्वभाव।
होठों की सुलगती ऋचाएँ हैं,
मैं हूँ।

अगले घुटने
मोड़े।
झाग उगलते
घोड़े।
जबड़ों में कसती वल्गाएँ हैं।
मैं हूँ।

(हर सिंगार कोई तो हो)

उमाशंकर तिवारी

पहचाने नहीं जाते

ये शहर होते हुए से गाँव
पहचाने नहीं जाते।
लोग जो फौलाद के मानिंद थे,
अब रह गए आधे।
दौड़ते फिरते विदूषक-से
मुरेठा पाँव में बाँधे।
नाम से जुड़ते हुए कुहराम
पहचाने नहीं जाते।

दाँव पर अंधी सियासत के,
हुए गिरवी सभी चौपाल।
खून के रिश्ते हुए गुमराह,
चलते हैं तुरुप की चाल।
तेज़ नख वाले नए उमराव
पहचाने नहीं जाते।

अब न वे नदियाँ, न वे नावें,
हवाएँ भी नहीं अनुकूल।
हर सुबह होती किनारे लाश,
पानी पर उगे मस्तूल।
आँधियों के भी समर्पित भाव
पहचाने नहीं जाते।

(धूप कड़ी है)

बेचेहरा मैं

जो चेहरा छोड़कर अपना
कभी घर से निकल जाता–
तो मेरे सामने होते हज़ारों आईना चेहरे....
ठिठक कर भागते चेहरे,
बगल से झाँकते चेहरे।
सफ़र के वक्त मेरे साथ मेरा घर नहीं होता,
कभी शीशा चिटखने का भी मुझको डर नहीं होता।
सफ़र में सिर्फ चलती साँस, जिंदा पाँव ही होते,
कोई मंज़िल कोई भी मील का पत्थर नहीं होता।
यही पैग़ाम लेकर जो कभी
घर से निकल जाता–
तो मेरे सामने होते हज़ारों आईना चेहरे–
खुशी से झूमते चेहरे,
शिखर को चूमते चेहरे।

हवाओं से, लहर के साथ अपनी दोस्ती होती,
कभी आँधी, कभी तूफान से भी सामना होता।
तभी तो जान पाता आदमी क्या चीज़ होता है,
वो चाहे निष्क्रमण होता कि मेरा भागना होता।
सुबह के वास्ते जो शाम लेकर
मैं निकल जाता–
तो मेरे सामने होते हज़ारों आईना चेहरे–
समंदर लाँघते चेहरे,
नया पुल बाँधते चेहरे।

(असंकलित)

खूबसूरत घर

बहुत चाहा था अपना खूबसूरत
घर बनाऊँगा–
मगर ये क्या हुआ, घर में उगे
बाज़ार के रिश्ते।

जुड़े जो खून से, बेचैन रातों की गवाही से,
वही संदेह के जलते हुए संदर्भ गढ़ते हैं।
वसीयत हो गई है उम्र की जागीर भी जिनको
वही कानून की नकली इबारत रोज़ पढ़ते हैं।

जिन्हें सपने दिए थे और हाथों से
सँवारा था–
वही बेटे हुए बाँटी गई
दीवार के हिस्से।

अजब बदरंग-सा, ख़ामोश, खस्ताहाल है
इस दौर के सहमे हुए लाचार कूल्हों का।
यही मजमून जैसे ख़ास, ऊँची नाक वाले
गाँव के भी तीन घर, तैंतीस चूल्हों का।

जो अक्सर रू-ब-रू मारीच की
ज़िंदा हकीकत से–
छले जाते वही हर रोज़
सोने के बने मृग से।

समर जब से छिड़ा बाज़ार से बाज़ार का
खूँखार दस्तों की तरह मगरूर मुल्कों में।
बढ़ीं बेचैनियाँ, दुश्वारियाँ, दहशत भरे
बेजार-से चाहत भरे हमदर्द हल्कों में।

कहाँ सोचा था अपना घर
इबादत के लिए होगा–
दुवाओं से जुड़ेंगे रात-दिन
बीमार के रिश्ते।

(असंकलित)

गुलाब सिंह

गाँव

शब्दों के हाथी पर
ऊँघता महावत है,
गाँव मेरा लाठी और भैंस की
कहावत है।

शीत-घाम का वैभव,
रातों का अंधकार।
पकते गुड़ की सुगंध
धूल-धुएँ का गुबार।
पेट-पीठ के रिश्ते
ढो रहा यथावत है।

धूप मछुवारिन के
जाल फँसी रोहू-सी।
इसकी हर हैसियत
गरीब की पतोहू-सी।
दो रोटी-धोती की
आपसी अदावत है।

घोड़ों के लिए उगी–
घास है, बगीचा है।
कुर्सी के पाँव तले

गुदगुदा गलीचा है।
हर पँचवें साल
प्रजातंत्र की सजावट है।

(धूल भरे पाँव)

पानी परधान का

बदल गया ढब सारा
परिचय-पहचान का,
तन बदला, मन बदला
गाँव-घर-सिवान का।

मुखिया थे 'मुख' से
सरपंच हुए पेट से।
बातों की एवज़
संबंध जुड़े टेंट से।
नहर गाँव-भर की है,
पानी परधान का।

सूने-सूने अलाव
शाम बिन ठहाकों की।
चर्चाएँ औरों की,
कटी हुई नाकों की।

छोटी-सी दिल्ली
हर कोना दालान का।

(धूल भरे पाँव)

घाट से हटकर

जाल है भीतर नदी के
घाट से हटकर नहाना।

पीठ पर लहरें-हवायें
झेलते हैं।
आईने-सा मुस्कुरा कर
आदमी से खेलते हैं।

भीड़ से भीगे तटों के
पत्थरों का क्या ठिकाना!

धार उल्टे पाँव चलकर
सीढ़ियों से सट रही है,
फिर करोड़ों की इमारत
हाँ-नहीं में छँट रही है।
हर कदम पर सिर झुकाते
भूल बैठे सिर उठाना।

बाँस पर बैठे परिंदे
हवा का रुख़ भाँपते हैं।
जब हवेली में लगे
रंगीन परदे काँपते हैं।
एक शहजादी समय पर
छींट जाती चार दाना।

(धूल भरे पाँव)

अमरनाथ श्रीवास्तव

गेरू की लिपियाँ

छंद हुए होते,
संवाद हुए होते...
प्रचलन के आगे
अपवाद हुए होते।

बँधे हुए पानी में
हलचल क्या होती?
एक लहर अनहोनी
कहाँ तक भिगोती?
खोखली हँसी हँसती,
बालू-बालू फँसती
रेत की नदी के
अवसाद हुए होते।

सूर्यमुखी की फैली
आँखों से छलका
ढलते सूरज के
आकाश का धुँधलका।
धुँधलेपन से बचती,
सिर्फ इंद्रधनु रचतीं
परी कथाओं के....
प्रतिवाद हुए होते।

कच्ची दीवारों पर
गेरू की लिपियाँ...
मेट गईं बौछारें
उत्सव की तिथियाँ
दबी हुई माटी में
किसी सिंधु-घाटी में...
खोई लिपियों के–
अनुवाद हुए होते।

(गेरू की लिपियाँ)

नर्मदा के जल बताओ

जब अकेले तुम चले थे
तब तुम्हारे साथ क्या था।
नर्मदा के जल बताओ।

था तुम्हारे पास ऐसा क्या
कि अपना घर बसाओ,
आदिवासी अमरकंटक पिता–
क्या देता बताओ,
तुम्हें रचने में किसी–
संभावना का हाथ क्या था,
नर्मदा के जल बताओ।

सतपुड़ा के जंगलों का–
सो गया संसार जैसे।
देखता आकाश भूखे भील
का परिवार जैसे।
किंतु ऐसी नींद पर
अविरल, अनंत प्रपात क्या था,
नर्मदा के जल बताओ।

थकी-हारी देह टूटी–
बँट गए तुम फासलों में।
एक लम्बी उम्र गुज़री
पत्थरों के काफिलों में।
आँख भर आई जहाँ
जल का वहाँ अनुपात क्या था,
नर्मदा के जल बताओ।

इस तरह खुलकर
गले मिलती हुई नदियाँ कहाँ थीं?
संगमरमर के कगारों की
मुखर छवियाँ कहाँ थीं?
तब कहाँ तीरथ बने थे
और भेंड़ा-घाट क्या था,
नर्मदा के जल बताओ।

(गेरू की लिपियाँ)

पीहर का बिरवा

पीहर का बिरवा
छतनार क्या हुआ
सोच रहीं लौटी
ससुराल से बुआ।

भाई-भाई फरीक,
पैरवी भतीजों की।
मिलते हैं आस्तीन
मोड़कर कमीजों की
झगड़े में है महुआ
डाल का चुआ।

किसी की भरी आँखें
जीभ ज्यों कतरनी है।
किसी के सधे तेवर
हाथ में सुमिरनी है
कैसा-कैसा अपना
खून है मुआ।

खट्टी-मीठी यादें.....
अधपके करौंदों-सी।
हिस्से बँटवारे में
खो गये घरौंदों की।
बिच्छू सा आँगन
दालान ने छुआ।

पुश्तैनी रामायन बँधी
हुई बैठन में।
अम्मा ज्यों जली हुई
रस्सी हैं ऐंठन में।
बाबू पसरे जैसे
हार कर जुआ।

जोड़ रही है उखड़े
तुलसी के चौरे को।
आया है द्वार का
पहरुआ भी कौरे को।
साझे का है
भूखा सो गया सुआ।

(गेरू की लिपियाँ)

श्रीकृष्ण तिवारी

भीलों ने बाँट लिए वन

भीलों ने बाँट लिए वन,
राजा को
खबर तक नहीं।

पाप चढ़ा राजा के सिर,
दूध की नदी हुई जहर।
गाँव, नगर, धूप की तरह
फैल गई यह नयी ख़बर।
रानी हो गई बदचलन
राजा को
ख़बर तक नहीं।

कच्चा मन राजकुँवर का,
बेलगाम इस क़दर हुआ।
आवारे छोरों के संग
रोज़ खेलने लगा जुआ।
हार गया दाँव पर बहन
राजा को
ख़बर तक नहीं।

उल्टे मुँह हवा हो गई,
मरा हुआ साँप जी गया।

सूख गए ताल-पोखरे, बादल को सूर्य पी गया।
पानी बिन मर गए हिरन,
राजा को
ख़बर तक नहीं।

एक रात् काल देवता
परजा को स्वप्न दे गए।
राजमहल खँडहर हुआ
राजमुकुट चोर ले गए।
सिंहासन का हुआ हरन
राजा को
ख़बर तक नहीं।

(सन्नाटे की झील)

प्रतिक्रांति

वक्त की आवाज़ पर
फिर फेंकने दो एक पत्थर और
शायद, बंद शीशे के घरों के लोग
बाहर निकल आएँ।

देखता हूँ—रोपकर पीछे अँधेरा,
बहुत आगे बढ़ गया है सूर्य का रथ
उसे मुड़ना चाहिए अब।
छोड़कर आकाश-टूटे गुंबदों में
रह रहे हैं जो कबूतर
उन्हें उड़ना चाहिए अब।

सनसनाती हवा की उँगली पकड़कर
घूमने दो आईने को फिर शहर में
कौन जाने आज के ये सभी चेहरे

कल सुबह तक बदल जाएँ।

जानता हूँ—आँधियाँ जिस राह से होकर गई हैं,
उस तरफ साबुत कोई मील का
पत्थर नहीं है।

और यह भी जानता हूँ—हाथ फिर से जो
हवा में तन रहे हैं, उन्हें कंधों से
अलग करना किसी भी प्रश्न का
उत्तर नहीं है।

इसलिए अब धुआँ बनकर छा रही
ख़ामोशियों से फूटने दो आग के स्वर
बहुत मुमकिन, धमनियों में जमे
कतरे खून के फिर पिघल जाएँ।

(सन्नाटे की झील)

सर्द हवा

सोया है थका हुआ प्यार,
सर्द हवा
सिर धुनना और किसी द्वार।
ख़्वाब टूट कर यहाँ कभी नहीं जुड़े,
पाँव जो गए, इधर कभी नहीं मुड़े,
सन्नाटा बिंधा आर-पार....
सर्द हवा
सिर धुनना और किसी द्वार।

आँख खोलती नहीं कभी यहाँ किरन,
साँस तोड़ती नहीं कभी यहाँ थकन,
दर्द एक किंतु बार-बार।

सर्द हवा
सिर धुनना और किसी द्वार।

गंध को हुई कभी न याद यह गली,
मेघ को लगी कभी न राह यह भली,
जीत के न दाँव, सिर्फ हार।
सर्द हवा
सिर धुनना और किसी द्वार।

बाँसुरी उदास, फूटती न रागिनी
ताल-पोखरे यहाँ, न चाँद-चाँदनी,
सिर्फ सर्पदंश बेशुमार.....
सर्द हवा
सिर धुनना और किसी द्वार।

(सन्नाटे की झील)

परिचय/दृष्टिबोध
एवं
संदर्भ-समीक्षा

डॉ. शंभुनाथ सिंह

परिचय

जन्म : ज्येष्ठ शुक्ल एकादशी संवत् 1973 (17 जून 1916 ई.) ग्राम–रावतपार, जनपद–देवरिया, उत्तर प्रदेश।

निधन : 3 सितम्बर, 1991।

शिक्षा : एम. ए. (हिंदी) पी-एच. डी., डी. लिट्.।

अध्यापन : व्याख्याता, हिंदी काशी विद्यापीठ, वाराणसी (1940-1959) अध्यक्ष, हिंदी विभाग, वाराणसेय संस्कृत विश्वविद्यालय वाराणसी (1959-1970), रीडर, हिंदी विभाग, काशी विद्यापीठ (1970-1976), निदेशक–तुलसी संस्थान, काशी विद्यापीठ, वाराणसी (1975-1980)।

रचनाकाल : 1936 से 1991 तक।

प्रकाशित ग्रंथ :

कविता : रूप रश्मि (1941), छायालोक (1945), उदयाचल (1946), मन्वंतर (1949), दिवालोक (1953), माध्यम मैं (1957), खण्डित सेतु (1968), जहाँ दर्द नीला है (1977), वक्त की मीनार पर (1986), माता भूमिः पुत्रोऽहं पृथिव्याः (1991)।

कहानी संग्रह : रातरानी (1946), विद्रोह (1948)।

नवनाटक : धरती और आकाश (1950), अकेला शहर (1975), अदृश्य चम्पा (1987), दीवार की वापसी तथा अन्य एकांकी।

शोध एवं समीक्षा : छायावाद-युग (1950), हिंदी महाकाव्य का स्वरूप और विकास (1958), मूल्य और उपलब्धि (1960), प्रयोगवाद और नयी कविता (1968), हिंदी काव्य की सामाजिक भूमिका (1970), हिंदी साहित्य का बृहत् इतिहास (14 वाँ खण्ड)।

सम्पादित ग्रंथ : नवगीत दशक-1 (1982), नवगीत दशक-2 (1983), नवगीत दशक-3 (1984), नवगीत अर्द्धशती (1986)।

सम्मान : उत्तर प्रदेश हिंदी संस्थान लखनऊ द्वारा विभिन्न ग्रंथों पर चार बार पुरस्कृत तथा पाँचवीं बार हिंदी की दीर्घकालीन सेवा के लिए सम्मानित। स्वर्ण जयंती (1968) के अवसर पर अभिनंदन ग्रंथ का वाराणसी से प्रकाशन, सप्तपर्णी और पुष्करिणी (सम्पादक अज्ञेय) में संकलित। नवगीत के पुरोधा, सूत्रधार एवं व्याख्याता के रूप में प्रतिष्ठित। 1991 के बाद सोनिया, वाराणसी में स्मृति-सुरक्षा के निमित्त डॉ. शंभुनाथ सिंह रिसर्च फाउण्डेशन एवं डॉ. शंभुनाथ सिंह नवगीत पुरस्कार का पुत्र राजीव कुमार सिंह द्वारा समारंभ तथा उत्तर प्रदेश शासन द्वारा सोनिया, वाराणसी एवं ग्राम—रावतपार, देवरिया में मूर्ति की स्थापना।

आत्मकथ्य के अंश

'नवगीत की विशिष्टता इस बात में है कि इसकी आधुनिकता अनुकृत, कृत्रिम, परकीय या बाह्य नहीं है बल्कि स्वायत्त, स्वाभाविक, स्वानुभूत एवं आंतरिक अनुभवों से संपन्न है। देश की माटी की गंध इसकी सबसे बड़ी विशेषता है। यह रूढ़ि की कट्टर विरोधी है, परंतु परम्परा के सम्मुख ससम्माननत है। इसमें दिङ्-मूढ़ भीड़ की उत्तेजना नहीं है और न इसमें समष्टि-चेतना तथा सामाजिकता का अभाव ही है। इसमें आत्मकेंद्रित कुंठित अहं का चित्रण भले न हो, पर वह राग-प्रवण वैयक्तिकता से रिक्त नहीं है।'

× × ×

'मैं गीत' को काव्य की मूल विधा मानता हूँ। मेरी यह मान्यता ऐतिहासिक तथ्यों पर आधारित है। यह बात भी ऐतिहासिक साक्ष्यों से प्रमाणित है कि किसी भी युग में गीत-विधा लुप्त नहीं हुई और न कभी लुप्त होगी। इसका कारण यह है कि 'गीत' वह माध्यम है जो मनुष्य के अंतर्लोक को उसकी समग्रता में अभिव्यक्त करता है। उसमें भावनाओं और मनोदशाओं की सूक्ष्म तरंगों को पकड़कर रूपायित करने की जो शक्ति है, वह काव्य की किसी अन्य विधा में नहीं है। वह व्यक्ति के भीतर निहित जीवन-लय को जाग्रत कर बाह्य जगत की लय के साथ सामंजस्य स्थापित करता है, वह मनुष्य को मनुष्य के साथ जोड़ता है। यांत्रिक जीवन की पेचीदगी और वैज्ञानिक बौद्धिक चिंतन की दुरूहता और शुष्कता के बीच वह मनुष्य की संवेदनशीलता और मानवीयता को संरक्षित और जीवंत बनाए रखने का सशक्त साधन है। अतः यह तर्क आधारहीन है कि आज के बौद्धिक, वैज्ञानिक और यांत्रिक युग में 'गीत' की कोई प्रासंगिकता नहीं रह गई है। वास्तविकता तो यह है कि आज का मानव-समाज वैज्ञानिक और यांत्रिक प्रगति के तीव्र प्रवाह में जिस गति से बहता जा रहा है, उससे उसकी मानवीयता ही ख़तरे में पड़ गई है। मानवीयता

अर्थात् जीवन-मूल्यों की ओर मनुष्य को पुनः उन्मुख करने की दृष्टि से गीत काव्य, संगीत और कलाओं की उपादेयता एवं प्रासंगिकता को झुठलाया नहीं जा सकता। भारतीय परिप्रेक्ष्य में तो गीत काव्य की प्रासंगिकता और अधिक है। भारत की अधिकांश जनसंख्या ग्रामीणों और ग्राम-बोध वाले लोगों की है, जिनका जीवन ही गीत से अविच्छिन्न रूप से जुड़ा है। ऐसे देश में यदि कविता को जन-जीवन के साथ जोड़कर रखना है तो वह कविता गीतात्मक और छंदोबद्ध ही हो सकती है।''

—माता भूमिः पुत्रोऽहं पृथिव्याः, पृ. 7

समीक्षा

डॉ. शंभुनाथ सिंह 'नवगीत' के उन्नायक एवं छायावादोत्तर नयी गीत-कविता के कृती रचनाकार हैं। उन्होंने अपनी रचनाशीलता को भूभौतिकी, सांस्कृतिक परम्पराओं और जातीय अस्मिता से जोड़कर देखा है और इसी आधार पर गीतों को नया से नया संस्कार देने का निरंतर प्रयास किया है।

स्वतंत्रता-प्राप्ति के बाद से ही हिंदी की गीत-कविता में बदलाव आने लगा था और 1950 के आस-पास शंभुनाथ सिंह की कविताओं में भी उसकी झलक स्पष्ट होने लगी थी। सामाजिक चेतना तथा लौकिक सुख-दुःख की अनुभूतियों से पूर्ण नए चित्र एवं बिंब उनके गीतों में रूपाकार ग्रहण करने लगे थे। उनके प्रारंभिक संकलनों में ही ऐसे कई गीत मिल जाते हैं जो उनकी गतिशील काव्य-धारा में प्रवाल-द्वीप बनकर प्रतिष्ठित हैं।

'दिवालोक' (1953) के 'घिरो न इस द्वार', 'धारा सी प्रीत बह रही' तथा 'हाल बीच सन्नाटे की ज्यों गूँज उठी आवाज़' शीर्षक गीत संवेदनशीलता के सहज उच्छ्वास बनकर आए हैं। 'माध्यम मैं' (1957) की 'सोंधी प्रतिध्वनियाँ' उपशीर्षक के गीत लोकगीतों के मधुर संवेदनों से संपृक्त होने के कारण तथा कोमल लोक तंतुओं से जुड़े होने के नाते अत्यंत मूल्यवान जान पड़ते हैं। 'उदयाचल' (1946) के 'तोड़ो, कारा तोड़ो' से शुरू हुई विद्रोही प्रयोग-सृष्टि 'माध्यम मैं' (1957) तक आते-आते 'नवगीत' का बहुत कुछ निखरा हुआ स्वरूप प्रस्तुत करने लगती है। यही नहीं, 'रात बीत गई' और 'कहीं आश्रय नहीं है' शीर्षक प्रयोगधर्मी गीत भी इसी कालावधि में चर्चित-प्रचारित होते हैं। सन् 1957 के बाद उनके गीतों में नया मोड़ तब आता है जब वे व्यक्ति-बोध को पूरी तरह छोड़कर गहरी सामाजिक संवेदना तथा यथार्थ जीवन के संघर्षों को वाणी देने लगते हैं। उनके 'कहो, किसे स्वीकार करूँ' तथा 'बीत गए वे दिन' शीर्षक गीत इसी भाव-भूमि के हैं। सन् 1960 तक शंभुनाथ जी के भीतर का जागरूक रचनाकार नयी पीढ़ी के कवियों

के साथ-साथ नवगीतों की आधुनिक भाव-भूमि तक पहुँच जाता है और व्यापक आयामों वाले मानव-मन की गहराइयों में उतरता चला जाता है। इस संग्रह में संकलित उनकी रचनाएँ 'सोनहँसी हँसते हैं लोग' तथा 'ज़िंदगी : एक त्रासदी' इस तथ्य का प्रामाणिक साक्ष्य उपस्थित करती हैं। आज के जटिल मानव के दुहरे व्यक्तित्व को उद्घाटित करने वाली ऐसी अभिव्यक्तियाँ अन्यत्र दुर्लभ हैं। वस्तुतः 1960 तक आते-आते शंभुनाथ जी का मोह-भंग हो चुका है और वह एक ऐसी ज़मीन पर खड़े दिखाई पड़ते हैं जहाँ उन्हें मिलते हैं टूटे शोर, उजड़ी मीनारें और खण्डित परकोटे। इन्हें वह निजी तथा आदिम प्रतीकों के रूप में ग्रहण करता है और खण्डित एवं विश्लिष्ट बिंबों के माध्यम से व्यक्त करता है। उसे बृहत्तर आयाम तब प्राप्त होता है जब वह वैज्ञानिक संदर्भ, नगर-संदर्भ तथा राजनैतिक विसंगतियों के साथ-साथ घर-परिवार की संसक्ति के प्रश्न को भी उसी शक्ति के साथ उठाता है। इस संग्रह की 'बातें घर की' शीर्षक कविता इसी का प्रतिनिधित्व करती है। उनका प्रसिद्ध गीत 'फुटपाथों की दीवारों पर कीलों से जड़ दिया गया हूँ' तथा 'सोनहँसी हँसते हैं लोग' आधुनिक व्यक्ति-मानव का यथार्थ प्रतिवेदन लेकर उपस्थित होता है। साक्ष्य स्वरूप उनके 1968 से 1976 तक के गीतों के संकलन 'जहाँ दर्द नीला है' के फ्लैप पर छपी हुई निम्नलिखित पंक्तियाँ उल्लेखनीय हैं–

'शब्दों' के बीच की फाँकों में जहाँ अर्थ झाँकता है, जहाँ वाक्यों की संधि के भीतर से नीला दर्द उभरता है, जहाँ लिखित गीत के अनलिखे हाशिए से कथ्य उभरता है, ऐसे गीत को ही 'नवगीत' कहा जा सकता है। 'नवगीत' मानव मात्र के दर्द की कविता है–दुःख का दर्द, सुख का दर्द, संगति का दर्द, विसंगति का दर्द, उजला दर्द, नीला दर्द। मेरे गीत इसी दर्द को उजागर करते हैं। इनमें सभी ओर उड़ते ज़हरीले धुएँ का दर्द है। समय के खँडहरों में दबी ज़िंदगी का दर्द है, माथे के ऊपर बहती हुई रोंगे की धारा-सी शाम का दर्द है, फुटपाथों की दीवारों से जड़ दिए गए आम आदमी का दर्द है और आग की लपटों में झुलसे श्वेत कमल का दर्द है। ये सभी दर्द व्यक्ति के नहीं, उस संस्था के हैं, जिसे व्यक्तियों ने मिल-जुलकर भय, अभाव, असुरक्षा, आघात, रोग-व्याधि, प्रदूषण, मृत्यु आदि से मुक्ति पाने के लिए निर्मित किया था, फिर भी मुक्ति नहीं पा सका। 'जहाँ दर्द नीला है' इन बेशुमार दर्दों के कुछ आयामों की तस्वीरों का एलबम है।'

निश्चित रूप से कवि के आत्मकथ्य जैसी लगने वाली ये पंक्तियाँ समकालीन काव्य को परिभाषित करती हैं और समय की थरथरी को पूरी तरह महसूस करने वाले कवि की ईमानदार उपस्थिति दर्ज कराती हैं।

निस्संदेह डॉ. शंभुनाथ सिंह सन् 1960 के बाद की विकसित नवगीत-संरचना

को प्रत्यक्षतः तथा परोक्षतः प्रभावित करते हैं। आठवें दशक तक आते-आते उनकी रचनात्मक गतिशीलता इतनी बढ़ जाती है कि वे अपने तीन संकलनों (जहाँ दर्द नीला है, वक्त की मीनार पर तथा माता भूमिः पुत्रोऽहं पृथिव्याः) के साथ ही नवगीत दशक-तीन खण्ड और 'नवगीत अर्धशती' प्रकाशित कर नवगीत-विधा को शिखर तक पहुँचा देते हैं। उनके 'देश हैं हम', 'ओ माँ, छोटी गंडक', 'सोनामासी' जैसे अनेकानेक जातीय अस्मिता को उजागर करने वाले गीत परवर्ती रचना-काल का दस्तावेज बन जाते हैं। वस्तुतः वे समय के हस्ताक्षर हैं और 'नवगीत' के विकास में उनका योगदान ऐतिहासिक है।

देवेंद्र कुमार

परिचय

जन्म : 18 जुलाई, 1932, कसया (देवरिया)।

निधन : 18 जून, 1991 को गोरखपुर में भारतीय रेलवे की सेवा काल के दौरान।

रचनाकाल : 1957-1991 तक।

प्रकाशित कृतियाँ : कैफियत (1972), बहस ज़रूरी है (1980) एवं एक पेड़ चाँदनी—नवगीत-संग्रह, 1989।

अप्रकाशित नवगीत-संग्रह : हड्डियों का पुल, अगली बरसात तक।

संकलित : 1. पाँच जोड़ बाँसुरी (सम्पादक : चंद्रदेव सिंह, महेंद्र शंकर 'अधीर')

2. नवगीत दशक-1 (संपादक : डॉ. शंभुनाथ सिंह)

3. नवगीत अर्द्धशती (संपादक : डॉ. शंभुनाथ सिंह)

4. गीतायन (संपादक : डॉ. जितेंद्रनाथ पाठक एवं डॉ. विश्वनाथ प्रसाद)

5. गीतांतर (संपादक : डॉ उमाशंकर तिवारी, डॉ. मूलशंकर शर्मा)

6. समकालीन काव्य (संपादक : डॉ. सुरेश चंद्र पांडेय, डॉ. उमाशंकर तिवारी)

7. स्वातंत्र्योत्तर हिंदी गीत-संग्रह (संपादक : डॉ. लाल साहेब सिंह, डॉ. वशिष्ठ अनूप)

आत्मकथ्य के अंश

'आज की ज़िंदगी एक ऐसा मकान है जिसमें कोई दरवाज़ा नहीं है। दरवाज़ा खोलना है। यह तय करने के पहले कि दरवाज़े का मुँह किधर हो—निर्मित कमरों से होकर गुज़रना पड़ेगा, चाहे नाक में कपड़ा ठूँसकर ही क्यों न गुज़रना पड़े। आज की कविता आज की इसी नारकीय नियति का दस्तावेज़ है।

मेरे ख़याल से साहित्य हो या जीवन, न कोई, कहीं किसी का पूरक है। न पर्याय—सभी की सीमाएँ और संभावनाएँ अलग-अलग हैं। साहित्य जीवन से

विशिष्ट है तो सिर्फ इसी मानी में कि उसमें जीवन को दिशा-निर्देश देने की क्षमता है। अब रही गीत की बात तो गीत, कविता की कोमलतम विधा है। एक तरह से वह कवि का अंतरंग है और गवाह भी–जहाँ वह खुलकर अपने से बात करता है–जिसमें मन की गहराई से उठने वाली संवेदना उभरकर सामने आती है। यही वजह है कि उसमें एक ख़ास 'लय' होती है। चाहे वह आंतरिक दबाव से ही उत्पन्न क्यों न हो, अनुशासन से अलग 'गीत' की संभावना हो ही नहीं सकती। बंद, घेराव जैसे व्यापक अर्थ रखने वाले शब्द (जो एकदम नए हैं) कविताओं में ज़हाँ बाहर की ओर ले जाते हैं, किसी ख़ास नुक्ते की ओर संकेत करते हैं–गीतों में आंतरिक व्यवस्था से संबंध रखते हैं, अंदर की ओर ले जाते हैं। नयी कविता में हम जिन बुनियादी सवालों को उठाते हैं, गीत में भी उनका अभाव नहीं है। उसमें हम आत्म संघर्ष करते हैं, जूझते हैं, हिस्सा बँटाते हैं और कुछ आत्मोपलब्धि करते हैं। लंबी से लंबी होने के बावजूद नयी कविता कहीं से अधूरी होती है, जबकि गीत छोटा से छोटा होने पर भी फार्म में पूरा होता है। इसीलिए असम्प्रेषणीयता जैसे शब्द गीत के साथ नहीं उठते।'

–'दृष्टिबोध'–नवगीत दशक-1, पृ. 58

'कोई भी रचना चोट खाए इंसान को सिर्फ सहलाने का ही काम नहीं करती बल्कि उसे वह तर्क-शक्ति भी प्रदान करती है जिससे उन परिस्थितियों का विश्लेषण किया जा सके जो चोट का कारण बनती है या बनी हुई है। लेकिन रचना में छिपी ऊर्जा सिर्फ इतना ही काम कर पाती है। हम जिस परिवर्तन की आशा में बैठे हैं, उसके लिए मानसिकता तैयार करने का काम जो कर रहे हैं, उसमें जुटे भी हैं। मगर बात इतने से बनती नज़र नहीं आती। आखिर इस परिवर्तन का नेतृत्व भी तो कोई करने वाला होना चाहिए। अपने देश के परिवर्तन का भी साहित्यकारों के लिए यह दुर्भाग्य ही कहा जाना चाहिए कि आज तक परिवर्तन का नेतृत्व करने वाला कोई राष्ट्रीय व्यक्तित्व उन्हें नहीं मिला।

× × ×

इस सबका परिणाम यह है कि हमारी चोट और गहरी होती जा रही है। आज का यही सवाल उन चोट खाए लोगों की तरफ से हमारे-आपके सामने है कि वे इससे छुटकारा पाने के लिए 'संवेदनाओं की पिटारी' को कब तक ढोते रहेंगे? कब तक भोर की प्रतीक्षा में संघर्ष करते रहेंगे? वह दिन, घड़ी गुणा-भाग करके कोई बता सके तो बताए। आख़िर ये शेर, बब्बर, चीता, तेंदुआ, बनैले सुअर जो एक ही जंगल के चट्टे-बट्टे हैं, कब तक आतंक मचाते रहेंगे, कब ख़त्म होगा खूनी भैंसे का आतंक? कैसे संभव होगा यह परिवर्तन? कौन नाथेगा खूनी भैंसों को?'

–उत्कर्ष : जुलाई 1988, पृ. 72-73

समीक्षा

हिंदी कविता की गीत-परम्परा को नया अर्थ, नया मुहाविरा और नयी पहचान देने वाले देवेंद्र कुमार 'नवगीत' की पहली पीढ़ी के रचनाकार हैं। साथ ही 'नवगीत' को सामाजिक यथार्थ की खुरदुरी ज़मीन से जोड़ने वाले महत्त्वपूर्ण कवि हैं। उनके लिए कवि-कर्म एक सामाजिक दायित्व है और गीत-रचना चरम सार्थकता की सुखमय प्रतीति। सचमुच यह सुखद आश्चर्य है कि उनकी आत्म संभावना (गीत कविता) उनके ही आँगन में चाँदनी का फूल बनकर उगती है और हज़ार-हज़ार हाथों में पंखुड़ियों की तरह बँटती जाती है। वे आस-पास की चीज़ों में कविता के बीज तलाशते हैं, अँखुवे ढूँढ़ते हैं और लोकरंग के छींटों से उन्हें महमह टहनी में बदल देते हैं। उनकी अगहनी शाम, धनपरियों के देश में दोनों हाथ उठाकर चाँद-प्रणाम करती दीखती है। चूँकि वे 'गीत' को काव्य की कोमलतम विधा मानते हैं, उसे टेसू का रंग दे देते हैं। उन्होंने स्वयं कहा है कि 'गीत' कवि का अंतरंग है और गवाह भी—जहाँ वह खुलकर बात करता है—जिसमें मन की गहराई से उठने वाली संवेदना उभरकर सामने आती है। यही वजह है कि उसमें एक खास लय होती है। देवेंद्र कुमार की रचनाओं का स्रोत है—बहुरंगी लोक-जीवन जहाँ पूर्वोत्तर प्रदेश की धनखरियाँ हैं, धूप-पत्र डालता हरकारा है और धूप कोटि की हवाएँ हैं लेकिन उनके सामने चुनौती बनकर खड़ी हैं व्यवस्था जनित विसंगतियाँ जिन पर चोट करते हुए उनके परवर्ती गीत सिर पर गठरी रखे, पैर से पहाड़ बाँधे, ऊबड़-खाबड़ ज़मीन चलते सामान्य जन की पीड़ा को अभिव्यक्ति देते हैं तथा एक-दूसरे शीर्ष का स्पर्श करते हैं। उनका 'हम ठहरे गाँव के' शीर्षक नवगीत इसका उत्कृष्ट प्रमाण है। जो नृशंसता के जंगल में खोई हुई संवेदना की तलाश तो करता ही है, युग की नब्ज़ पर भी हाथ रखता है।

देवेंद्र कुमार सीमित शब्दों में बड़ी से बड़ी बात बिंबों के माध्यम से कहने वाले विलक्षण कलाकार हैं। संक्षिप्ति उनका आभूषण है और अकल्पनीय किंतु बेहद सार्थक नए तुकों का प्रयोग एक क्रीड़ा-कौतुक। आंचलिक संवेदना उनकी अक्षय ताज़गी का सम्बल है और ऐंद्रिक संवेदना उनके अनुभव का लयात्मक रचाव, सामान्य जन की पीड़ा का तल्ख अनुभव और हर जगह मुकम्मल तथा जीवन के प्रति एक सहज-स्वाभाविक लगाव से युक्त प्रतीकों के चुनाव में भी देवेंद्र कुमार को कमाल हासिल है। सोलह साल की कमसिन उम्र उनके लिए सोलह डैनों वाली चिड़िया हो जाती है। इस संग्रह में संकलित 'हमको भी आता है भीड़ से गुजरना' शीर्षक गीत इसका ज्वलंत उदाहरण है। पर्वत के सीने से फूटकर बहने वाले झरने को भीड़ से गुज़रने के साथ संदर्भित करना सिर्फ उनके ही हिस्से की चीज़ है। ऊबड़-खाबड़

प्रायः अटपटे-से प्रतीकों के माध्यम से यथेष्ट काम लेकर कोई बेजोड़ बात छोटे-से गीत-साँचे में ढाल लेना जितना उनके यहाँ संभव हुआ है, अन्यत्र नहीं—

'एक एक दो/फिर उसके बाद क्या/टूट गया/
आँखों से चलती है लू/जलता है गाँव-घर-नगर/
धू—धू—धू
× × ×
यह अँधेरा/उठ रहा है/शाम का तम्बू/
तनाव—पड़ाव—घेरा।'

उपर्युक्त विन्यास और सधे हुए नए लगने वाले तुकों का संयमित निर्वाह ही देवेंद्र कुमार को विशिष्टता प्रदान करता है और नवगीतकारों में उनकी एक अलग पहचान बनाता है। उनके अपने शहर गोरखपुर के कवि-समीक्षक डॉ. वशिष्ठ द्विवेदी ने स्वातंत्र्योत्तर हिंदी गीत-संग्रह पुस्तक में उनके व्यक्तित्व का विश्लेषण करते हुए ठीक ही लिखा है—

"देवेंद्र कुमार साहित्य के होल टाइमर थे। उठते-बैठते, सोते-जागते हर समय वे कुछ रच रहे होते थे, बुन रहे होते थे। साहित्य उनके लिए सिर्फ शौक या यश-प्राप्ति का साधन न होकर एक अनिवार्य कर्म था। वे शब्द की शक्ति को जानते थे, इसीलिए उन्होंने सदैव उसका सार्थक और सटीक उपयोग किया। वे अपनी रचनाओं पर जितना श्रम करते थे, वैसा मुक्तिबोध जैसे कम ही लोगों के बारे में सुना जाता है। मृत्यु के बाद प्राप्त उनकी एक-एक कविता की कई-कई प्रतियाँ इस बात की सबूत हैं। कविता के बारे में उनकी स्पष्ट मान्यता है कि 'कविता को अच्छी होने के लिए उतना ही संघर्ष करना पड़ता है, जितना एक लड़की को औरत होने के लिए।' "

वस्तुतः देवेंद्र कुमार गाँव की विडंबनाओं, कमज़ोर वर्ग की बेचैन दुश्वारियों, जटिलताओं, शासन की चालाकियों, संपन्न वर्ग की क्रूरताओं और ग़रीबी और मजबूरी का दंश झेलती दास-पीढ़ी के यथार्थ और दंश को व्यक्त करने वाले बेहद समर्थ रचनाकार हैं। बानगी के तौर पर ये पंक्तियाँ उल्लेखनीय हैं—

शाह का ऐलान
या आँधी/
फिर हवा की डुगडुगी बाजी/
खेत पर कब्जा किए हैं मेंड़/
धूप में तनकर खड़े हैं पेड़/
× × ×

एक नदी उठते सवाल-सी
कंधों पर है झुकी डाल-सी
अपने ही नाखूनों से
अपनी ही देह खरोंच रहा हूँ।
.......सोच रहा हूँ।

'एक पेड़ चाँदनी' उनका हस्ताक्षर गीत है। इसी शीर्षक से उनका संकलन भी प्रकाशित हुआ है। यह गीत बेहद चर्चित और लोकप्रिय है। इसमें लोक-प्रतीकों, लोक-संदर्भों और नए अप्रस्तुतों एवं प्रतीकों के माध्यम से 'प्रेम' को अभिव्यक्त किया गया है। इसमें चाँदनी को एक पेड़ के रूप में अभिकल्पित करना, तन का कार्तिक और मन का अगहन होना तथा क्वार का कुछ बो जाना बेहद सांकेतिक और रागात्मक है। निश्चित रूप से देवेंद्र कुमार दो बंदों के छोटे-छोटे गीतों में भरपूर अर्थ व्यंजना प्रदान करने वाले अकेले नवगीतकार हैं जिन्होंने नए प्रयोगों की समर्थ परम्परा विकसित की है।

माहेश्वर तिवारी

परिचय

जन्म : 22 अगस्त, 1939।

ग्राम : मलौली, जनपद–बस्ती, उत्तर प्रदेश।

शिक्षा : एम.ए. (हिंदी) गोरखपुर विश्वविद्यालय गोरखपुर।

व्यवसाय : लगभग नौ वर्षों तक बस्ती में प्राध्यापक, फिर गोरखपुर में और सम्प्रति मुरादाबाद में रहते हुए पत्रकारिता और स्वतंत्र लेखन।

काव्य-संग्रह : 1. हर सिंगार कोई तो हो (नवगीत-संकलन)

2. नदी का अकेलापन (नवगीत-संकलन)

संकलित : 1. पाँच जोड़ बाँसुरी (संपादक : चन्द्रदेव सिंह, महेन्द्र शंकर)

2. एक सप्तक और

3. नवगीत दशक-2 (संपादक : डॉ. शंभुनाथ सिंह)

4. नवगीत अर्द्धशती (संपादक : डॉ. शंभुनाथ सिंह)

5. गीतायन (संपादक : डॉ. जितेंद्रनाथ पाठक : डॉ. विश्वनाथ प्रसाद)

6. स्वातंत्र्योत्तर हिन्दी गीतिकाव्य (संपादक : डॉ. लाल साहेब सिंह एवं डॉ. वशिष्ठ अनूप)

आत्मकथ्य के अंश

'रचना अपने मूल में रचनाकार का नितांत निजी अनुभव या अपने आस-पास से सीधे साक्षात्कार का परिणाम होती है, किंतु अभिव्यक्ति तक पहुँचते-पहुँचते वह अनुभव या साक्षात्कार व्यक्तिवादी मनोविलास की अभिव्यक्ति न होकर समूह मन की चिंता, छटपटाहट, कभी-कभी हर्ष और उल्लास भी बन जाती है। आज आक्टोपस संस्कृति अपनी विविध रूपाकारों वाली टहनियों से व्यक्ति और समाज को अपने घेरे में ले लेने को प्रयत्नशील है। ऐसी स्थिति में अपने अस्तित्व और अस्मिता

को बचाए रखने के संघर्ष को यदि कुछ सार्थक नाम दिए जा सकते हैं तो उनमें से 'नवगीत' भी एक है।

× × ×

नवगीत की यात्रा स्वस्थ समाज की सामाजिक चिंताओं की व्यापक धरातल पर पड़ताल है। हर जुलूस में झंडा लेकर ज़ोर-ज़ोर से जयकार करने वालों ने कुछ समय के लिए अवश्य नवगीत को अपनी अक्षमता और कुहासे से घेर लिया किंतु अब वे और दूसरे जुलूसों में शामिल हो गए हैं, इसलिए यह ख़तरा टल गया है।'

कविता अंततः केवल छंद नहीं है, किंतु वह सिर्फ नारा या आंदोलन भी नहीं है। नवगीत की पहली शर्त है काव्यत्व और कलात्मकता।

—नवगीत दशक-2 से

समीक्षा

माहेश्वर तिवारी नवगीतकारों की दूसरी पीढ़ी के समर्थ रचनाकार हैं। स्वातंत्र्योत्तर गीत को नयी भंगिमा देने वालों में उनका अन्यतम स्थान है। उन्होंने गीत को नया शिल्प देने के साथ-साथ उसे नव्य संचेतना एवं आधुनिक बोध से संपन्न किया। उनकी आधुनिकता भी अनुकृत या बाहरी नहीं है बल्कि स्वायत्त, प्रामाणिक एवं आंतरिक अनुभवों से संपन्न है। वस्तुतः आधुनिकता की सबसे बड़ी पहचान विज्ञान और तकनीकी विकास में मिलती है। बहुविध ज्ञान-विज्ञान, यंत्रों के तीव्रतम आविष्कार के प्रभाव विकसित, अविकसित और विकासशील—सभी राष्ट्रों में आनुपातिक स्तर पर दिखलाई पड़ते हैं। विज्ञान और यंत्र ने आज के आदमी की जीवन-प्रक्रिया में सर्वाधिक हस्तक्षेप किया है। वह हस्तक्षेप बाह्य जीवन में ही नहीं, मनुष्य की चेतना के विभिन्न स्तरों पर भी हुआ है। नवगीत जीवन में प्रविष्ट इस यांत्रिकता को शिद्दत से महसूस करता है और उसके दुष्परिणामों से चिंतित है। अज्ञेय ने भी हिंदी साहित्य : आधुनिक परिदृश्य के पृष्ठ 22 पर लिखा है कि जीवन की प्रक्रिया का यह बढ़ता हुआ ज्ञान, जीवन-यंत्र की यांत्रिक गति का यह बढ़ता हुआ परिचय अपने आप में एक समस्या है। जितना ही अधिक हमारा जीवन सतह पर आता जाता है, उतनी ही सतह बढ़ती जाती है अर्थात् उसके अनुपात में अभ्यंतर जीवन उतना ही छोटा होता जाता है। औद्योगिकीकरण के बहाने जो पश्चिमी अंधानुकरण हमारे देश में आया, उसने कथित तौर पर 'आधुनिक' दिखने के लिए हमारे समाज में वर्ग-भेद तो पैदा किया ही, हमारी दृष्टि भी बदल दी। परिणाम यह हुआ कि भारतीय मिट्टी में विदेशी पौध की कलम रोपी गई और वह भी आधुनिकता के नाम पर। इसी तथाकथित आधुनिकता को देखकर नवगीतकारों का क्षोभ शताधिक

मुद्राओं में व्यक्त हुआ। ऐसे नवगीतकारों के हरावल दस्ते में माहेश्वर तिवारी का नाम उल्लेखनीय भूमिका में है। उदाहरण के लिए उनकी निम्न पंक्तियों को देखा जा सकता है—

आह, हमने स्वयं को भी
कहाँ स्वीकारा?
गली-सड़कों, पार्कों, कॉफीघरों में
तितलियों के पर कुचलती भीड़
उग रहे इन जंगलों जैसे शहर में
खो गई है
पीठ-गर्दन-रीढ़ हर तरफ है एक
झुर्रीदार अँधियारा।

—हरसिंगार कोई तो हो, पृ. 1)

माहेश्वर तिवारी ने अपने 'दृष्टिबोध' (नवगीत दशक-2) में स्वयं लिखा है कि 'अपनी रचनात्मक यात्रा में 'नवगीत' ने मिट्‌टी की सोंधी सुवास के साथ ही साथ, एक सर्वथा नयी संगीतात्मकता दी है हिंदी कविता को।' दरअसल यह वक्तव्य माहेश्वर तिवारी को भी परिभाषित करता है क्योंकि प्रसिद्ध समालोचक विजय बहादुर सिंह ने माहेश्वर तिवारी की रचनात्मकता पर विचार करते समय बार-बार इस बात को रेखांकित किया है। उन्होंने नवगीत-संदर्भ और प्रकृति के पृष्ठ 213 पर लिखा है—

'समकालीन जीवन में जो कुछ कोमल, रुचिकर और सुंदर है, वही माहेश्वर तिवारी की कविता है। परम्परागत शिष्टाचार, सामाजिक मर्यादाएँ, पारिवारिक रीति-रिवाज और व्यक्तिगत आशा-आकांक्षाएँ—जितनी दूर तक हमें याद हैं—माहेश्वर तिवारी के नए गीत हमारे उतने ही समीप हैं। माहेश्वर तिवारी की कविता इस परम्परागत मर्यादाओं के विधान के बीच उस अत्यंत मधुर, कोमल और सुषमा-मंडित प्रसंग का ताज़ा संस्करण है जो हमारे चेतना-लोक में अपनी प्रतिध्वनियाँ उत्पन्न कर रहा है। वह जो अभी-अभी हमारे सामाजिक और राष्ट्रीय जीवन से अकस्मात् लुप्त हो गया है—मात्र खण्डित और छद्म आज़ादी के नाम पर।' प्रसिद्ध नवगीतकार शलभ श्रीराम सिंह के शब्दों में 'बादल तो आ गये/पानी बरसा गए/लेकिन यह क्या हुआ? धानों के खिले हुए मुखड़े मुरझा गए।' यह आकस्मिक दृश्य-परिवर्तन और हमारी जातीय वासनाओं का विध्वंस पूरी की पूरी कविता-पीढ़ी को अजनबी और विद्रोही बना गया। कुछ थोड़े-से समझदार लोग, जिन्हें अब भी सार्थकता की वापसी में विश्वास था, प्रतीक्षा करते रहे। माहेश्वर तिवारी उसी प्रतीक्षारत वर्ग

के कवि हैं जो अतीत की अंधी गुफा से सार्थक और प्रासंगिक जगत को पुनःप्रतिष्ठित करने में आस्था रखते हैं। माहेश्वर तिवारी इस प्रतिष्ठा की प्रक्रिया को कोमल और नम्र वस्तु-स्थितियों के माध्यम से संपन्न करना चाहते हैं।

डॉ. विजय बहादुर सिंह इसी क्रम में आगे लिखते हैं–माहेश्वर तिवारी अत्यंत सजग और सचेत कलाकार हैं। उनके यहाँ छंद, लय और तुक के चमत्कार तो हैं लेकिन वे ग्राह्य हैं, अधिक मर्यादित और परम्पराधर्मी दिखते हैं क्योंकि जिन छंदों और लयों को वे रचते हैं, वे बेहद सुडौल और स्निग्ध हैं। उनमें आक्रामकता नहीं है। वे अपनी सीमा में ही सुंदर और शक्तिमान लगते हैं। बंधनों से उपजी यह सुंदरता सचमुच विलक्षण है। खुलकर संभव है, बिखर जाय। इसलिए माहेश्वर तिवारी की काव्य भूमि उस बागीचे की तरह है जहाँ हर गाछ अपनी जगह है। उसका अपनी जगह होना ही उस बागीचे का आकर्षण है। उनकी कविता का यह संदर्भ-औचित्य ही उन्हें शक्ति-सम्पन्न बनाता हैं। वे शाख से गिरे हुए फूल को उठाकर फिर शाख पर लटकाने की अतिरिक्त बुद्धिमानी नहीं दिखाते, न ही चीजों और स्थितियों में हेर-फेर की गुंजाइश तलाशते हैं। वे चीजों को वहीं से पकड़ते हैं, जहाँ वे हैं। उनके पाँव धूप में जलते हैं, नाव रेते में थकती है, अकेली किरन पर्वत पार करती है, रिश्ते-नाते घुटनों के बल घिसटते हैं, उनकी कड़वी नीम डालों-पातों गहगहाकर फूलती है, लहरें चाँद पकड़ती हैं, शाम अँधियारा उलीचती है। ऐसे भी प्रसंग आते हैं जब दिन तौलिए की तरह लिपटता है, आगत मुट्ठी में पारे की तरह काँपता रहता है, लोग-बाग नकली तमगों वाली चमकदार फेरेबों में शामिल होते रहते हैं। तात्पर्य यह है कि माहेश्वर तिवारी के काव्य में वातावरण बोलता है लेकिन वे वातावरण के हर एक हिस्से को बहुत धीमे से छूते हैं। वे मूल रूप से गंध और हरियाली के कवि हैं। वातावरण की खिन्नता, वर्णना, उदासी, क्षोभ और आवेश कुल मिलाकर तल्ख अभिव्यक्ति में माहेश्वर तिवारी की दिलचस्पी नहीं है। वे जब इनकी चर्चा करते हैं तो सराबोर होकर नहीं, बल्कि उनके संचरण को ठप या अपदस्थ करने के लिए कविता के जरिए वे हमारे सोए हुए उन संस्कारों को जगाना चाहते हैं। या उष्ण स्नान कराना चाहते हैं जो किन्हीं ऐतिहासिक दबावों और युगीन परिस्थितियों के दुष्चक्र वश मूर्छित हो गए हैं–

वे पल
जो नहीं रहे पल से
जीवित हैं आँखों के गहरे सूनेपन में

दरअसल माहेश्वर तिवारी का कल्पक बेहद महत्त्वपूर्ण और मोहक है। उसमें दुर्निवार आकर्षण है। इसीलिए उनके यहाँ संदर्भ महत्त्वपूर्ण हो जाते हैं। उदाहरण

के लिए उनका निम्नलिखित गीत उल्लेखनीय हैं–

'दिन मुट्ठी में बंद पसीज रहा।
टहनी-टहनी पंजा दाबे
हारिल भीज रहा।
बादर-बादर, हवा-हवा में
करइल-गेंहुवन रवा-रवा में
मन के भीतर कोई
मन को ऐसे मींज रहा।'

अब यहाँ शब्दों का होना उतना महत्त्वपूर्ण नहीं है जितना कि उनका पारस्परिक लगाव। इसी लगाव के कारण वह ध्वनि भी समूची कविता पर असरदार हो जाती है जो शब्दों की आवृत्ति से पैदा हुई है। टहनी-टहनी, बादर-बादर, करइल-गेंहुअन, रवा-रवा जैसे शब्द-युग्म अर्थ-प्रक्रिया को अधिक सघन बनाते हैं। यही कारण है कि आंचलिक उपन्यासकार एवं प्रसिद्ध समीक्षक डॉ. रामेदव शुक्ल मुग्ध भाव से उनके नवगीतों की प्रशंसा करते हुए लिखते हैं–'आधुनिक युग में छायावादी गीतों ने इस पर मुहर लगा दी कि गीत का संबंध कटु यथार्थ से उतना नहीं है, जितना कोमल भावनाओं के साथ। निराला के कुछ गीत इसके अपवाद हैं लेकिन नवगीतकारों ने गीत के क्षितिज का भरपूर विस्तार किया है और उसे सीमित कोमल भावनाओं से निकालकर आज के संपूर्ण यथार्थ का वाहक बनाया। यह 'नवगीत' की बड़ी उपलब्धि है।'

इन्हीं नवगीतकारों में अत्यंत लोकप्रिय गायक हैं–माहेश्वर तिवारी जिनके गीत लोगों के कंठ में बसे हैं। 'नवगीत' माहेश्वर जैसे गीतकारों के माध्यम से ही संपूर्ण यथार्थ का वाहक बन सका है। माहेश्वर के गीत कथ्य और कला के सुघर मेल के लिए बार-बार गाए जाते हैं। एक ओर ये गीत घर-आँगन, द्वार-देहरी, खेतों-बागों में बिखरे, झरते जीवन-मधु के मिठास से भरे हुए हैं तो दूसरी ओर इनमें यह बताने की शक्ति भी है कि हमारा सहज जीवन-प्रवाह कहाँ से और क्यों कर प्रदूषित होता जा रहा है? घर-गाँव को गहरी तड़प से याद करते ये गीत 'नास्टेल्जिया' नहीं होते। उसके आगे भी दूर तक उनकी गति दिखाई देती है। मूलतः प्रेम-संवेदना के अधिकांश गीत अपनी अर्थ-छवियों में पूरा जीवन-दृष्य संकेतिक करते हैं।

स्मृति का एक गीत है–

याद तुम्हारी
जैसे कोई कंचन-कलश भरे,

जैसे कोई किरन अकेली।
पर्वत पार करे।

अब कंचन-कलश का भरना मनुष्य की आदिम स्मृतियों में से एक है—नदी या झरने से मिट्टी के घड़े में जल भरने का संगीत। उनके साथ जुड़ी सुमधुर ध्वनि-तरंगों को 'कंचन' शब्द की ध्वनि लहरियाँ कई गुना बढ़ा देती हैं। याद के लिए अगला अप्रस्तुत है—'पर्वत पार करती अकेली किरन।' मन में 'याद' के कौंध उठने और स्मृति को पर्वताकार पुंजीभूत लकीरों के ऊपर सबसे ऊपर—देर तक बने रहने की प्रक्रिया को मूर्त करने के लिए इससे बेहतर माध्यम नहीं हो सकता।

वस्तुतः माहेश्वर का लोक-जीवन से गहरा आत्मीय परिचय ही उन्हें इतने समर्थ अप्रस्तुत उपलब्ध कराता है। ऐसा लगता है कि रेत के भयावह विस्तार की चुनौती को स्वीकार करके, उसकी छाती में गहरा गड्ढा खोदकर आस्था-विश्वास, राग-रस के स्रोत खोजने वाले इस गीतकार की जड़ें बहुत गहरी हैं। उन्हीं से वह जीवन-रस खींचता है और सारे ज़माने को रेत की आँधियों से बचाने का स्वप्न बोता है। 'अधपके धान' वाला 'दूधिया मन' 'कच्चे वियाबान वाला मन', 'गहरे सागर' में थके-हारे वृद्ध पिता की उदासी देख जाता है—

धूप में जब भी जले हैं पाँव,
घर की याद आई।
नीम की छोटी छरहरी छाँव में डूबा हुआ
द्वार का आधा झुका बरगद पिता, माँ बँधा आँगन
सफर में जब भी दुखे हैं घाव,
घर की याद आई।

—हर सिंगार कोई तो हो

निष्कर्ष यह कि माहेश्वर तिवारी की कोई सीमा नहीं है। वे भावनाओं के अनंत विस्तार के कवि हैं' उन्हें परस्पर विरोधी छोरों को मिलाना आता है। चौथा सप्तक की भूमिका में अज्ञेय जी ने लिखा है—'आज की कविता बहुत बोलती है जबकि कविता का काम बोलना है ही नहीं। कविता की सांकेतिक अर्थ-व्यंजना ही सब-कुछ होती है। माहेश्वर तिवारी को इसमें सफलता मिली है। माटी की गंध, ग्राम्य परिवेश, लोकजीवन की धड़कनों, समय की नब्ज़ की थरथरी को सही ढंग से महसूस करने के कारण वे ऐसे अप्रस्तुत, ताजे-टटके बिंब और सांस्कृतिक प्रतीक ले आते हैं कि उनकी कविता मोहक प्रभाव छोड़ जाती है। कथ्य कोई भी हो, उनके लिए परिवेश की हिस्सेदारी और सांस्कृतिक रचाव अनिवार्य हो जाता है। उदाहरण के लिए उनके दूसरे संकलन 'नदी का अकेलापन' का शीर्षक गीत इसका ज्वलंत

प्रमाण है—

आस-पास जंगली हवायें हैं,
मैं हूँ
पोर-पोर जलती समिधायें हैं
मैं हूँ
× × ×
अगले घुटने मोड़े
झाग उगलते घोड़े
जबड़ों में कसती वल्गाएँ हैं
मैं हूँ।

इस गीत में पारंपरिक मूल्यों के टूटने तथा आज के दौर के संघर्षपूर्ण द्वंद्व को प्रतीकों के माध्यम से व्यक्त करने की निगुणता स्पष्ट झलकती है। समिधाओं का पोर-पोर जलना और होठों पर ऋचाओं का सुलगना जहाँ सांस्कृतिक मूल्यों के समाप्त होने की ओर संकेत करता है, वहीं अगले घुटने मोड़े और झाग उगलते घोड़े का बिंब रचकर आज के हाँफते भागते, भार दबे व्यक्ति की यंत्रणा को बेहद सफलता के साथ चित्रित किया गया है।

डॉ. उमाशंकर तिवारी

परिचय

जन्म : 31 जुलाई, 1940।

जन्म-स्थान : बहादुरगंज, जनपद गाजीपुर, उत्तर प्रदेश।

शिक्षा : एम.ए., पी-एच.डी.।

व्यवसाय : अध्यापन (डी.सी.एस. के. स्नातकोत्तर महाविद्यालय मऊनाथ भंजन के प्राचार्य एवं हिंदी विभागाध्यक्ष)।

शोध-प्रबंध : आधुनिक हिंदी गीतिकाव्य (वाणी प्रकाशन, नयी दिल्ली)।

नवगीत-संकलन : 1. जलते शहर में (1968)

2. धूप कड़ी है (1986)

3. तोहफे काँचघर के (1996)

सम्पादन : 1. नवगीत के प्रतिमान और आयाम

2. हिंदी के श्रेष्ठ नवगीतकार : संदर्भ एवं समीक्षा

3. समकालीन काव्य

4. गीतांतर

5. गद्य-वीथिका

6. कथा-यात्रा

7. कथा-सेतु

8. गाज़ीपुर से नवलेखन की पत्रिका 'पूर्वा' 1974

संकलित : 1. नवगीत दशक-2 (सम्पादक : डॉ. शंभुनाथ सिंह)

2. नवगीत अर्द्धशती (संपादक : डॉ. शंभुनाथ सिंह)

3. गीतायन (पूर्वांचल वि. वि. जौनपुर की एम. ए. हिंदी की पाठ्यपुस्तक, संपादक : डॉ. जितेन्द्रनाथ पाठक एवं डॉ. विश्वनाथ प्रसाद)

4. समकालीन काव्य (पूर्वांचल वि.वि. जौनपुर की एम.ए. हिन्दी की पाठ्यपुस्तक, सम्पादक : डॉ. सुरेश चंद्र पाण्डेय)

सारस्वत सम्मान :

1. उत्तर प्रदेश के प्रतिनिधि कवि वर्ष 1973 (हिंदी साहित्य सम्मेलन प्रयाग)

2. धूप कड़ी है काव्य-संकलन के लिए उ. प्र. हिंदी संस्थान का निराला अनुशंसा पुरस्कार वर्ष 1989

3. साहित्य-सारस्वत-हिंदी दिवस वर्ष 1995 (हिंदी साहित्य सम्मेलन प्रयाग)

4. तोहफे काँचघर के काव्य-संकलन के लिए (उत्तर प्रदेश हिंदी संस्थान का निराला नामित पुरस्कार वर्ष 1998)

5. 'तोहफे काँचघर के' काव्य संकलन के लिए (डॉ. शंभुनाथ सिंह नवगीत पुरस्कार वर्ष 1998)

आत्मकथ्य के अंश

' 'नवगीत' कई मानी में 'नयी कविता' के आगे की विधा है जो नए आयामों के द्वार खोलती हुई आज के युग की महत्त्वपूर्ण उपलब्धि बन गई है। यह 'पापुलर राइटिंग' से परे कलात्मक होते हुए भी लोकसम्पृक्त कविता है। उसमें अवचेतन में अवस्थित भोगे हुए सत्य अनुभूति के स्तर पर बिंबों का रूपाकार ग्रहण कर स्वतः स्फूर्त होते हैं। क्रांतिदर्शी आधुनिकता के समानांतर ध्वनिरंगी लैण्डस्केपों को चित्रित करने की छटपटाहट उसे महत्त्वपूर्ण बनाती है। वह एक प्रकार का विद्युत प्रवाह है जो हमारी आत्मा की गुह्य दशा का संप्रेषण करता है।'

—नवगीत दशक-2 से

× × ×

'नवगीत' भारतीय काव्य-चिंता का सहज विकास है, जीवित संस्कृति की लय है। उसके साथ सांस्कृतिक संवेदन और जातीय अस्मिता के संस्कार जुड़े हुए हैं। उसका मूल 'ओरल पोएट्री' है, उसके कन्सर्न शेयर्ड हैं और उसका सरोकार उस आदमी का है जो अपनी संपूर्ण बेबसी और लाचारी के बावजूद एक कुंठा रहित इकाई है।

—राष्ट्रीय सहारा के लिए कवि-पत्रकार
श्री स्वामीनाथ पांडेय को दिए गए साक्षात्कार से

संदर्भ एवं समीक्षा

डॉ. उमाशंकर तिवारी हिंदी नवगीत के वरिष्ठ, बहुअधीत और अनुभव संपन्न हस्ताक्षर हैं। डॉ. वशिष्ठ अनूप के अनुसार उनकी दृष्टि सर्वाधिक आधुनिक है। उनके नवगीतों के तीन संग्रह प्रकाशित और चर्चित हो चुके हैं। इधर उन्होंने और

भी स्तरीय और वैविध्यपूर्ण गीत लिखे हैं। उनके रचनाकार व्यक्तित्व पर टिप्पणी करते हुए प्रख्यात विचारक एवं समीक्षक डॉ.पी. एन. सिंह ने बहुत ठीक लिखा है कि 'स्वभाव से वे समूचे कवि हैं—संवेदनशील—अंदर से बौखलाए और बेचैन किंतु तल पर स्थिर और शांत। कभी-कभार हिंदी आलोचकों एवं संपादकों की गोलबंद नैतिकता से भी वे तिक्त और बिंधे दिखते हैं लेकिन अपनी कवि-प्रतिभा का एहसास उन्हें सक्रिय रखता है। दरअसल एक ही साथ सामर्थ्य और असहायता का एहसास आधुनिक कवि की अस्तित्वगत विडंबना है। तिवारी जी इसके अपवाद कैसे हो सकते हैं?' (प्रमुख नवगीतकार : संदर्भ एवं समीक्षा, पृ. 118) यही नहीं, उमाशंकर तिवारी की रचनाशीलता और उनके नवगीतों की विशेषताओं को रेखांकित करते हुए प्रसिद्ध कवि-समीक्षक डॉ. केदारनाथ सिंह ने लिखा है कि 'वे उन थोड़े से नवगीतकारों में से हैं जो गीत के प्रचलित ढाँचे से निरंतर टकराते रहे हैं और इस तरह उसे एक सृजनात्मक लचीलापन देने की कोशिश करते रहे हैं। इस कोशिश में जो सफलता उन्हें मिली है, उसका एक प्रमाण तो यही है कि आज नवगीतों की भीड़ में उनके पूरे मिजाज और लयात्मक संरचना को अलग से पहचाना जा सकता है। 'तोहफे काँचघर के' संग्रह में उनकी यह निजी छाप ख़ास तौर से देखी और पहचानी जा सकती है। प्रस्तुत संग्रह गीत-विधा को एक और नया विस्तार देता है और वह यह कि यहाँ गीत केवल गाने-गुनगुनाने की चीज़ नहीं, बल्कि होठों और कानों से अधिक कहीं चेतना की तहों में सुनने और गुनने की चीज है। इस तरह गीत के माध्यम को समकालीन बोध के अधिक से अधिक निकट लाया गया है और ऐसा करते हुए गीत की गीतधर्मिता को भी क्षरित नहीं होने दिया गया है।'

—'तोहफे काँचघर के' संग्रह की भूमिका से

दरअसल 'गीत' सामान्यतः गेयता, वैयक्तिकता, भावगत सघनता, आवेशपूर्ण अभिव्यक्ति आदि के लिए परम्परा से जाना जाता रहा है। नवगीतकारों ने पहली बार यह घोषित किया कि 'नवगीत' इतना ही नहीं है। नयी कविता एवं प्रचलित गीत-परम्परा से उसका अलगाव वैचारिक एवं परिप्रेक्ष्यगत है क्योंकि नयी कविता के पास परम्परा-बोध नहीं है और पारंपरिक गीत 'आधुनिकता बोध निरपेक्ष'। इसलिए नवगीत ने परम्परा और आधुनिकता के समन्वित भाव-बोध की बात उठाई। गाँव परम्परा का प्रतीक था और शहर आधुनिकता का। अतः एक तरफ इसने शहर के दबाव में टूटते गाँव और आहत परम्परा की बात उठाई तो दूसरी तरफ अजनबी और अमानवीय होते शहर के बोदलेयरी बोध को भाषा दी। वस्तुतः टेक्नालजी-संचालित आधुनिकतावादी परिवर्तनों ने शहर को दैत्य का आकार दे दिया जिसकी चपेट

में मेमना गाँव आया। एक के पास आत्मा नहीं थी और दूसरा असहाय हो धीरे-धीरे आत्मारिक्त होने के लिए अभिशप्त हुआ। डॉ. उमाशंकर तिवारी का इस संग्रह में संकलित नवगीत 'पहचाने नहीं जाते' इस दुस्सह पीड़ा को गहरी संवेदना के साथ उद्घाटित करता है। गाँव अब अपनी दादा-दादी वाली पहचान खो चुका है। कभी गाँव एक बड़ा परिवार था, वहाँ हर बेटी गाँव की बेटी थी। सौमनस्य और आत्मीयता अब बीते दिनों की चीज़ें हैं। अब वहाँ फौलाद के मानिंद लोग विदूषक बन चुके हैं। सियासत ने पारंपरिक ग्रामीण समरसता को तोड़ा है। विषमताओं को समाप्त करने के नाम पर उनका केवल राजनीतिक दोहन हुआ है जिसके चलते ग्राम-चेतना का अपराधीकरण हुआ है। जिन चौपालों पर कभी रामायण, महाभारत, रमैनी और संतऊ कहे-सुने जाते थे, उन्हें अब अपराधी सियासत ने अपने क्रूर आगोश में ले लिया है। अब घाटों और पनघटों की रंगीन मासूमियत की हत्या हो चुकी है। जहाँ कभी उगते हुए सूरज का स्वागत नदियों, पोखरों में खिले मुस्कराते फूल किया करते थे, वहाँ तैरती लाशें दिखती हैं। कुल मिलाकर गाँव अब पहचान में नहीं आता; वह शहर बन रहा है—आत्मीयता-रिक्त और फितरती। डॉ. पी. एन. सिंह ने इस गीत के संबंध में विचार करते हुए लिखा है कि गाँव की इस नयी विकृत संस्कृति की जैसी मार्मिक अभिव्यक्ति तिवारी जी ने दी है, वह निश्चय ही दुर्लभ है—

दाँव पर अंधी सियासत के
हुए गिरवी सभी चौपाल।
खून के रिश्ते हुए गुमराह
चलते हैं तुरुप की चाल।
तेज़ नख वाले नये उमराव
पहचाने नहीं जाते।

इतने कम शब्दों में भारतीय गाँव के बदलते यथार्थ की इतनी सशक्त अभिव्यक्ति तिवारी जी की काव्य-प्रतिभा का प्रमाण है। गीत के अंतिम पद में गाँव की पुरानी स्मृतियाँ अचानक कौंधती हैं : 'अब न वे नदियाँ, न वे नावें।' लेकिन यह रोमानी नास्टेल्जिया टिक नहीं पाती और बदलते गाँव का क्रूर नंगापन तुरंत हावी हो जाता है—

हर सुबह होती किनारे लाश
पानी पर उगे मस्तूल—
आँधियों के भी समर्पित भाव
पहचाने नहीं जाते।

डॉ. पी. एन. सिंह के शब्दों में 'काव्य की दृष्टि से यह गीत एक संपूर्ण रचना है और 'नवगीत' का एक श्रेष्ठ नमूना भी। यहाँ कवि का नगर-बोध भी है और ग्राम-बोध भी। प्रतीक और बिम्ब ताज़े और अभिव्यक्तशील हैं। अनुभूति सघन गहरी और प्रामाणिक है। चिंता वास्तविक और सरोकार सही हैं। सब कुछ अनुभूत है। आरोपित कुछ भी नहीं। इसमें भाव, व्यंजना, छंद, संगीत, गेयता, बिंबों-प्रतीकों आदि का समंजन अद्भुत है। अप्रासंगिक होती ग्राम्यता के प्रति मन में तत्क्षण सहज ललक उठती है। पाठक अपने समूचे इतिहास-बोध को भूलकर इस ललक का शिकार बन जाता है। इस गीत-कविता में 'अविश्वास के सहज स्थगन की अद्भुत क्षमता है जिसे कालरिज जैसे समर्थ कवि और आलोचक ने कविता की कसौटी' माना है।'

—प्रमुख नवगीतकार : संदर्भ एवं समीक्षा, पृ. 123

संग्रह में संकलित दो गीत, 'बेचेहरा मैं' और 'खूबसूरत घर' अभी तक असंकलित हैं लेकिन ये उमाशंकर तिवारी के सर्वोत्तम नवगीतों में हैं और इन्हें लोकप्रियता भी मिली है। अगर उनका गीत 'हिमदेही' छीजते यौवन और पथराते मन, 'पहचाने नहीं जाते' टूटते-विकृत होते गाँव के नीले दर्द के मार्मिक अंकन हैं तो उपर्युक्त शेष दोनों नवगीत सपनों के असीम व्योम में कवि-विहग के उड़ने की तड़फड़ाहट का अंकन है जिसके पंखों को परिवार ने नोच डाला है। संकीर्ण पारिवारिक अस्मिता के दायरे में बने चेहरे को बचाए रखने के प्रयास में उसका व्योम सिकुड़ता गया है। घर में कुछ अपने हैं लेकिन इन कुछ अपनों के चलते वह बृहत्तर असीम ज़िंदगी से अलग महसूस करता है जिसका उसे अफसोस है। यह उसके कवि को चुनौती है। वह 'बेचेहरा' हो अपने व्योम में उड़ना चाहता है—घर के आईने से हटकर संसार का बनकर जीना चाहता है! 'सफर के वक्त मेरे साथ मेरा घर नहीं होता'—अगर यह संभव हो पाता तो वह अशरीरी, बेचेहरा हो दुनिया को अपना 'पैगाम' देता। तथागत की उसे याद आती है। वे पारिवारिक मोह-पाश को तोड़कर ही सबके बने थे। और सब तक अपने सत्यों को पहुँचाया था। काश, कवि के पास तथागत वाली दृढ़ता होती। उसे भय है कि उसका पलायन 'निष्क्रमण' नहीं बन पाएगा। लेकिन उसे यह भी मालूम है कि बिना पलायन के निष्क्रमण साकार नहीं होगा, बिना घर छोड़े दुनिया अपनी नहीं बनती, बिना शरीर-मोह छोड़े आत्मा का साक्षात्कार नहीं होता। जीवन एक ऐसी ही बड़ी संभावना है। इस संभावना को जीना ही आदमी के उस सत्य को समझना है जो उसे गौतम या राम बनाती है—'तभी तो जान पाता आदमी क्या चीज़ होता है?' यह बड़ी सुबह उसी के लिए है जो 'महारात्रि' का जोखिम उठाता है। राम ने चौदह वर्ष का वनवास

और संघर्ष झेला था, गौतम का सारा जीवन ही साधना था, जीजस सलीब चूमकर ही क्रीस्ट बने थे। सुकरात को यही संभावना 'हेमलाक' तक ले गई थी और कृष्ण ने महाभारत के उद्घोषों के बीच से इसे संप्रेषित किया था लेकिन कवि तो कवि है, वह न तथागत है, न राम, न कृष्ण और न जीजस और सुकरात है। आधुनिक संदर्भों में कवि होना इस संभावना को जीना नहीं बल्कि उसकी अनुपलब्ध तड़प को जीना और उसे अन्यों तक संप्रेषित करना है–'सुबह के वास्ते जो शाम लेकर मैं निकल जाता' : अर्थात् निकलना नहीं, निकलने की तड़प झेलना और पाठकों में पैदा करना, पहला महापुरुषार्थ और दूसरा कवि-पौरुष।

तीसरा नवगीत 'खूबसूरत घर' पुनः सपना और यथार्थ के द्वंद्व में सपने के क्षत-विक्षत होते जाने की मार्मिक अभिव्यक्ति है। घर, पुनः कवि के फड़फड़ाते पंखों पर भारी पड़ता है। घर के इर्द-गिर्द न जाने कितने सपने पाले जाते हैं–

कहाँ सोचा था
अपना घर इबादत के लिए होगा
दुवाओं से जुड़ेंगे रात-दिन
बीमार के रिश्ते।

लेकिन उस कल्पित 'खूबसूरत घर' में 'बाज़ार के रिश्ते' उभरे हैं और संतानों ने देखते-देखते खूनी रिश्तों के बीच दीवारें खड़ी कर 'तीन घर तैंतीस चूल्हों' की कहावत चरितार्थ कर दी है। उस घर में अब लाचार कूल्हों के लिए कोई जगह नहीं है। वैयक्तिकता और बाज़ारू महत्त्वाकांक्षाओं के दबाव में टूटते हर परिवार की यही राम कहानी है जिसे कवि ने अप्रतिम संवेदनात्मक गहराई और भाषिक सूक्ष्मता के साथ व्यक्त किया है–

जुड़े जो खून से, बेचैन रातों की गवाही से
वही संदेह के जलते हुए संदर्भ गढ़ते हैं।
वसीयत हो गई है उम्र की जागीर भी जिनको
वही कानून की नकली इबारत रोज़ पढ़ते हैं।

मात्र इन चार पंक्तियों में 'बेचैन रातों की गवाही', 'संदेह के जलते संदर्भ', 'उम्र की जागीर' और 'कानून की नकली इबारत' जैसी अभिव्यक्तियाँ ढलती उम्र के टूटते सपनों से उत्पन्न व्यक्ति-मन के त्रासद ड्रामा से हमें रू-ब-रू कराते हैं। 'मारीच की ज़िंदा हकीकत' यानी मारीच रूपी बाज़ार ने इतने सारे स्वर्ण-मृगों को दौड़ा दिया है कि अब कोई लक्ष्मण-रेखा किसी को रोक नहीं पाती। कवि हर घर में एड़ी जमाए बाज़ार के क्रूर तथ्य को वैश्विक संदर्भ में देखता है। इस विश्व के मगरूर मुल्कों के आपसी संघर्ष का नतीज़ा मानता है जिसमें तीसरी दुनिया के

राष्ट्र उनके 'खूँखार दस्तों' के शिकार हैं। आशय यह कि बाज़ार ने केवल आत्मीय रिश्ते को ही बेमानी नहीं बनाया है। इसने राष्ट्रीय अस्मिताओं के हमदर्द हल्कों को भी बेमानी बनाया है। कविता निजी रिश्तों से शुरू होकर वैश्विक यथार्थ तक को समेटती है और इस प्रकार आज के व्यक्ति के दर्द को विश्व बाज़ार के जलते संदर्भों में समझने की चेष्टा करती है।

कविवर केदारनाथ सिंह ने उमाशंकर तिवारी के नवगीतों में शिल्पगत विविधता और प्रयोगधर्मी चिंता की बात की है। सचमुच तिवारी जी के 'नवगीत' किसी बँधे-बँधाये साँचे में फिट नहीं होते। यहाँ संकलित कविताओं में 'पहचाने नहीं जाते' षष्ठपदी है, और आरंभ की दो पंक्तियाँ 'टेक' के रूप में आती हैं, जिनसे क्रमशः प्रत्येक पद की अंतिम दो पंक्तियों से तुक बैठता है। इससे इस कविता की भावात्मक अन्विति सुरक्षित रहती है। इसके बाद थोड़ा 'वैरिएशन' है। कविता का मूल भाव केंद्रीय भाव के रूप में केंद्रस्थ बना रहता है। उनकी प्रत्येक षष्ठपदी की प्रथम चार पंक्तियाँ निम्नांकित हैं—क क ख क। शेष दो पदों में यह व्यवस्था ग ग घ ग और च च छ च है लेकिन 'पहचाने नहीं जाते' में यह व्यवस्था यों है—क ख ग ख, च छ ज छ और त थ द थ। कविता-पाठ में बलाघात सामान्यतः हर पंक्ति के प्रथम और अंतिम वर्ण पर है ताकि पाठक/श्रोता का ध्यान आकृष्ट ही न हो, अगली पंक्ति के लिए तत्पर भी हो। 'पहचाने नहीं जाते' आद्योपांत एक गहरे अवसाद से युक्त है। यह छोटी श्वास वाला नवगीत है—लेकिन 'बेचेहरा मैं' और 'खूबसूरत घर' लंबी श्वास वाली कविताएँ हैं। और दोनों में अद्‌भुत तरलता और प्रवाह है, दोनों लगभग एक मिजाज़ के गीत हैं। इसलिए शिल्पगत समानता है। भाव से तय हुआ है कि शिल्प कैसा होगा? दोनों का ही शिल्प थोड़ा जटिल है। संरचना की दृष्टि से 'बेचेहरा मैं' के तीन भाग किए जा सकते हैं—प्रथम पाँच पंक्तियाँ और फिर नौ-नौ पंक्तियों के दो पद। 'खूबसूरत घर' में यह व्यवस्था चार और आठ-आठ पंक्तियों की है। प्रथम पाँच/चार पंक्तियों का भावानुप्रास प्रत्येक पद की अंतिम पाँच/चार पंक्तियाँ हैं। प्रथम पद 'टेक' के रूप में इस्तेमाल होता है और इसे लंबी श्वास में पढ़ना/गाना पड़ता है क्योंकि इसमें वह विराट सपना पलता है जो कवि-जीवन को सार्थकता प्रदान करता। प्रत्येक पद की प्रथम चार समरस पंक्तियाँ उस क्रूर यथार्थ को उद्‌घाटित करती हैं जिन्होंने सपनों के पंख तोड़ दिये। यह यथार्थ है 'घर' जिसे समर्पित होकर व्यक्ति अपनी वैयक्तिक संभावनाओं को कुचलता रहता है लेकिन वह घर उसे अपना नहीं मान पाता और उसका शीराज़ा बिखरता चला जाता है। इनका पठन/वाचन हल्के स्वर में, अपेक्षित बलाघात/ठहराव/आरोह एवं अवरोह को साथ होना है क्योंकि यथार्थ एक ऐसा तथ्य

है जिसे ऊँचे स्वर एवं उच्छ्वास से देखा-समझा नहीं जा सकता।

प्रतीकों और बिंबों की दृष्टि से भी उमाशंकर तिवारी के नवगीत समृद्ध और ताज़े हैं। घर और शहर तो उनके प्रिय प्रतीक हैं जिन्हें पूरे नवगीत ने बोदलेयरी अंदाज़ में देखा है। अंतर इतना भर है कि तिवारी जी में ये आधुनिकता के प्रतीक के रूप में प्रयुक्त हैं। आशय यह कि तिवारीजी के नवगीतों में भावों की सघनता, विविधता, कलात्मक संतुलन एवं अन्वेषिता है। वैसे नवगीत-विधा की बहुत सारी प्रतीतियों को प्रश्नांकित भी किया जा सकता है। लेकिन इसकी 'घर', 'ग्राम', 'परम्परा' आदि की चिंता से बेख़बर होना भी अपने को आधुनिकता की उच्छेदनवादी रैशनालिटी को समर्पित करना होगा।

गुलाब सिंह

परिचय

जन्म : 5 जनवरी, 1940।

जन्म-स्थान : ग्राम—बिगहनी जनपद—इलाहाबाद, उत्तर प्रदेश।

शिक्षा : एम. ए. (हिंदी तथा इतिहास)

व्यवसाय : अध्यापन, उत्तर प्रदेश के शिक्षा विभाग में इण्टर कक्षाओं के इतिहास-प्रवक्ता।

प्रकाशन : विभिन्न पत्र-पत्रिकाओं में 1962 से ही नवगीत प्रकाशित। 'पानी के घेरे' उपन्यास—1975 में तथा 'धूल भरे पाँव' (नवगीत संकलन) 1992 में, 'बाँस-वन और बाँसुरी' (नवगीत संकलन) 2003।

रचनाकाल : 1960 से अब तक।

संकलित : 1. नवगीत दशक-2 (संपादक : डॉ. शंभुनाथ सिंह)

2. नवगीत अर्द्धशती (संपादक : डॉ. शंभुनाथ सिंह)

3. गीतायन (संपादक : डॉ. जितेंद्रनाथ पाठक एवं डॉ. विश्वनाथ प्रसाद)

4. समकालीन काव्य (सं. डॉ. सुरेशचंद्र पाण्डेय एवं उमाशंकर तिवारी)

5. स्वातंत्र्योत्तर हिंदी गीत-संग्रह (सं. डॉ. लाल साहेब सिंह एवं डॉ. वशिष्ठ अनूप)

आत्मकथ्य के अंश

'आज एक संश्लिष्ट सभ्यता जन्म ले रही है। गाँव, गाँव नहीं रहे। नगर भी महानगर बनते जा रहे हैं। गाँव वाले बसने के लिए शहर जाने लगे तो शहर भी गाँवों की ओर घुसपैठ करने लगे। किसान के बेटे की शहर में 'कोठी' बनेगी तो शहरी बाबू और सेठ की 'काटेज' भी गाँव में ज़रूर बनेगी। शब्दों और संस्कृतियों का बँटवारा करने वाले कितने दिन इस हेरा-फेरी का सौदा साहित्य से कर सकेंगे,

इसकी मीयाद उन्हें खुद समझ में आने लगी होगी।'

'ग्रामीण चरित्र के शहरीकरण से उत्पन्न सांस्कृतिक संकट ने एक तीसरे समाज या वर्ग की रचना की है। इस समाज को 'गतिशील' के स्थान पर 'चलता-फिरता' कहना चाहिए। पाँच लाख असुरक्षित गाँवों को पाँच सौ शहर कब तक सुरक्षा प्रदान करेंगे? वह भी तब, जब असुरक्षा एक प्रवृत्ति, एक पीढ़ी बनकर दोनों के बीच चल-फिर रही है। लेकिन राष्ट्रीय चरित्र की मुख्य धारा में व्याप्त आडम्बर और झूठ के प्रभाव से ये गाँव भी मुक्त नहीं हैं। चरित्र-क्षय के जितने पहलू इस वक्त हमारे सामने हैं, उनमें सबसे अधिक पीड़ादायक ग्रामीण चरित्र के क्षय का पहलू है।'

'नवगीत के माध्यम से ग्रामीण जीवन को, उसकी पुरानी पवित्रता, निश्छलता, सिधाई-सादगी की याद दिलाई जा सकती है, बशर्ते यह अनुभव भी न हो कि 'नये' से उन्हें विमुख रहना है। नया ग्राह्य है, पुराना स्मरणीय। ग्राह्यता और स्मरण के बीच में वह ग्रामीण चरित्र निर्मित हो सकता है जिसकी हमें अपेक्षा है। जनतांत्रिक व्यवस्था में 'जन' की जागरूकता एक अनिवार्य ज़रूरत है। सहजता और संवेदनशीलता के कारण 'नवगीत' इस ज़रूरत को उचित समाधान दे सकता है।'

—नवगीत दशक-2 से

संदर्भ और समीक्षा

श्री गुलाब सिंह नवगीतकारों की दूसरी पीढ़ी के प्रतिनिधि हस्ताक्षर हैं। उन्हें ग्रामीण परिवेश का कुशल चितेरा तथा गूँगे गाँव का मुखर प्रवक्ता कहा जाता है। उन्हें एक साथ 'रेणु' की आंचलिक संवेदना तथा 'धूमिल' की बेलाग और मुहाविरेदार भाषा प्राप्त है जिसके चलते वे नवगीतकारों में अपनी अलग और विशिष्ट पहचान रखते हैं। उदाहरणार्थ उनके ताज़ातरीन नवगीत की निम्न पंक्तियाँ द्रष्टव्य हैं—

गई सदियाँ
जब न हिलते थे
आ गए पल
    हिलेंगे पत्ते।
फूल-फल दे चुप रहेंगे पेड़
भीड़ की ख़ामोश चालें 'भेंड़'
अब नहीं होगा
    न होंगे दिन निहत्थे।

× × ×

देख कर कटते—
सिरों के खेल
हरी हैं कुर्बानियों की बेल
देश हैं हम
राम-राधू, नहुष-नत्थे।

—हिलेंगे पत्ते

वस्तुतः गुलाब सिंह के कलम का जादू ग्रामीण परिवेश के भीतर के चलते-फिरते संसार के काट-छाँट को व्यक्त करने में सिर चढ़कर बोलता है। उनका गाँव बिगहनी बाग-बगीचों से घिरा हुआ गाँव है और उसके पूरब, उत्तर और पश्चिम में गंगा बहती है। बाल्यावस्था से ही यह परिवेश उनको बाँधता रहा है। उन्होंने अपने बचपन के बारे में स्वयं लिखा है कि ताल की कुमुदिनी के धारीदार फूल उनको बहुत आकर्षित करते थे और घास-पात तथा नरई चरती भैंस की पीठ पर बैठा पोखरे की गीली मिट्टी को बाँहों और माथे पर तिलक की तरह लगाए हुए चरवाहा उनका मन ललचाता था। यही कारण है कि गुलाब सिंह के नवगीतों में प्रकृति के ये सुंदर चित्र भरे पड़े हैं। तोते-बगुले, मोर, सारस, मैना, पंडुक, सोनापतारी, करकरी, कनफोड़वा हर कहीं उठते-दौड़ते हरी का नाम लेते दिखलाई पड़ते हैं।

सन् 1966 से 1971 तक का उनका जीवन-काल मीरजापुर के दक्षिणांचल में बीता जहाँ आदिवासी-जीवन से उनका साक्षात्कार हुआ, प्रकृति की विराटता और उसके ऊबड़-खाबड़ स्वरूप को उन्होंने वहीं देखा, जिसका प्रभाव उनकी रचनाओं पर पड़ा। उनके व्यक्तित्व एवं कृतित्व के बारे में प्रसिद्ध समीक्षक डॉ. विश्वनाथ प्रसाद ने लिखा है कि 'गुलाब सिंह ग्राम-जीवन में उभर आई विसंगतियों, समाज में व्याप्त मूल्यों के पराभव को प्रतीकों, बिंबों एवं मुहाविरों में अभिव्यक्त करने के कारण तथा वस्तुओं का चयन करके उन्हें ध्वनि गर्भित करने के नाते विशेष रूप से उल्लेखनीय हैं। उनकी भाषा सहज, स्वाभाविक और व्यंग्यपूर्ण है। गाँवों के अत्यधिक निकट होने के कारण जिस तरह संवेदनाओं की अभिव्यक्ति और अनुभवों की व्यंजना में वे गहराई और व्यापकता का परिचय देते हैं, उसी प्रकार उनके वस्तु-चयन का क्षेत्र भी पौराणिक मिथकों से लेकर समकालीन जीवन-संदर्भों तथा गाँवों से लेकर महानगरों तक फैला है। नवगीतों की ऐसी बुनावट में वे रूमानी कहीं नहीं होते। न अनुभव में, न वस्तु-चयन में और न भाषिक संरचना में। गुलाब सिंह के पास बसंत भी अपनी लाचारी को दुहराता है। 'धूप' सबसे कन्नी काटकर अंटी पर चढ़ जाती है और बच्चे भी खुले महाजन के खातों से लगने लगते हैं। इस प्रकार उनके अनुभव में रागात्मकता है और वस्तु-चयन में यथार्थ-दृष्टि। गँवई संस्कारों में रचे-बसे

गुलाब सिंह समकालीन जीवन की विसंगतियों को सबसे अधिक तीखेपन के साथ कहते हैं।'

—'गीतायन' की भूमिका से

नवगीत दशक-2 के 'दृष्टिबोध' में उन्होंने जिस पीड़ादायक ग्रामीण-चरित्र की चर्चा की है, उसकी तल्ख अभिव्यक्ति उनकी रचनाओं में वर्तमान है। इसीलिए इस कथन में गहरी सच्चाई निहित है कि गुलाब सिंह ग्राम-बोध के सर्वाधिक समर्थ नवगीतकार हैं। उनके काव्य-संसार में गाँव अपने समूचे दर्द, गरीबी और पिछड़ेपन के साथ-साथ अपने अक्खड़पन, वहशीपन, आह्लाद और आत्मीय रिश्तों को लिए-दिए विद्यमान है। उनका नवगीत संकलन 'धूल भरे पाँव' ग्राम-जीवन का एक विश्वसनीय दस्तावेज है। उनकी तल्ख़ अभिव्यक्ति और उनके बिंब-विधान की ताज़गी उनकी काव्य-प्रतिभा की मौलिकता का एहसास देती है। उनके यहाँ रोमानी आत्मनिष्ठता और अतिरंजना नहीं है। क्योंकि गाँव, गाँव की मुँडेर से देखा गया गाँव है न कि शहर की मीनार से। आश्चर्य नहीं, ग्राम्यता यथासंभव ग्रामीण मुहाविरों में ही व्यक्त की गई है। उनका गाँव अभी भी लाठी और भैंस की कहावत को चरितार्थ करता है। उनके यहाँ शीत-घाम का वैभव है, धूल-धुआँ है और साथ ही है गुड़ की मीठी सुगंध भी। यहाँ 'भोर सी भौजाइयाँ' हैं, 'दो रोटी का सुख' है, 'ताड़-सी बढ़ती धिया' है, चिलम और हुक्का है तथा दादा की टेढ़ी पीठ पर लदा, उनका कान खींचता-हँसता पोता है। लेकिन गुलाब सिंह यह सोचकर परेशान हैं कि सांस्कृतिक धरोहर के पहरुये ये गाँव भी हार मानने लगे हैं। गाँव अपनी मूल पहचान खोकर छोटी-सी दिल्ली बनने की प्रक्रिया में है। रिश्ते और सामूहिकता नष्ट हो चुकी है और पेट, टेंट, परनिंदा और स्वार्थ सब पर हावी हैं—

बदल गया ढब सारा
    परिचय-पहचान का।
तन बदला, मन बदला
    गाँव-घर-सिवान का।
मुखिया थे 'मुख' से
    सरपंच हुए पेट से।
बातों की एवज़
    संबंध जुड़े टेंट से।
नहर गाँव भर की है
    पानी परधान का।

—धूल भरे पाँव

प्रसिद्ध मार्क्सवादी विचारक डॉ. पी. एन. सिंह ने 'नवगीत' की संवेदना में निहित केंद्रीयता पर विचार करते हुए एक महत्त्वपूर्ण बात कही है कि 'नवगीत' की संवेदना में एक गहरी उदासी, एक गाढ़ा विषाद-बोध केंद्रस्थ है जो विराट एवं निर्वैयक्तिक, आर्थिक-राजनैतिक परिवर्तनों के चलते उसके पारंपरिक मूल्य-बोध में परिलक्षित अराजकता के कारण है। सामान्यतः नवगीतकार असहायता-बोध का शिकार है और वह अपनी स्थिति को एक घायल और क्रुद्ध अबाबील से भिन्न नहीं पाता। अपने कल्पक रूप में भी वह इस स्थिति का अतिक्रमण नहीं करता जो कभी-कदा उसकी गलदश्रु भावुकता का कारण है। 'नवगीत' में 'विट' और बुद्धि तत्त्व अधिकांश के यहाँ गौण है जिसके चलते इसमें हास्य-व्यंग्य और विनोद जैसे रंजक तत्त्वों के लिए जगह नहीं बचती लेकिन गुलाब सिंह इस संदर्भ में अपवाद लगते हैं। उनकी कवि सुलभ भावुकता का, उनके 'विट' की स्फूर्ति और बुद्धि तत्त्व के ताटस्थ्य-भाव के चलते, गाँव की त्रासद एवं कामद—दोनों ही स्थितियों से सही साक्षात्कार होता है।

—स्मृति दिवस 3 सित., 1993 को वाराणसी में पठित निबंध से

इस दृष्टि से उनकी 'दो रोटियों का सुख' कविता का एक पद तथा इस संग्रह में संकलित गाँव शीर्षक गीत की पूर्वार्द्धवाली पंक्तियाँ द्रष्टव्य हैं—

(1) भोगते दो रोटियों का सुख
झुके दादा/
कमर पर हाथ दे सोंटा उठाया।
टहलकर खलिहान, पोखर, गाँव, अपनी बड़ी दुनिया
नीम के नीचे वहीं आसन लगाया।
पीठ पर चिपका हुआ मुन्ना
चिकोटी काटता
खींचकर हँसता बुढ़ाया कान।

—दो रोटियों का सुख

(2) शब्दों के हाथी पर
ऊँघता महावत है।
गाँव मेरा लाठी और भैंस की
कहावत है।
शीत-घाम का वैभव
रातों का अंधकार।
पकते गुड़ की सुगंध

धूल-धुएँ का गुबार।
पेट-पीठ का रिश्ता
ढो रहा यथावत है।

—'गाँव मेरा'

कुल मिलाकर देखा जाय तो 'नवगीत' सही वक्त पर एक सही कविता की तलाश है। जीवन और काव्य—दोनों में जब 'गद्यता' मूल्य बन रही हो, उस समय सांस्कृतिक विच्छिन्नता, छांदसिकता, लयता और गेयता की बात उठाना काव्य और जीवन—दोनों में ही कुछ सार्थक आयाम जोड़ना है। इस पर गैर राजनीतिक होने का आरोप लगाया जा सकता है क्योंकि वर्तमान राजनैतिक युग में राजनीति से पलायन किन्हीं गंभीर अर्थों में जीवन से पलायन है लेकिन नवगीतकार कहना चाहेगा कि जीवन, राजनीति से बड़ा है क्योंकि व्यक्ति के अनेक अंतरंग प्रसंग—जैसे प्रेम, आत्मीय रिश्ते, अंतर्मन के छोटे-बड़े उद्‌गार, निर्वासित एवं आत्म निर्वासित मन की पीड़ाएँ और सिविल सोसाइटी के अनेक सरोकार, राजनीति की परिधि में कमोबेश बाहर पड़ते हैं और जहाँ आम आदमी ही नहीं, राजनीति में लताड़ खाए लोग भी सहारा पाते हैं और राहत महसूस करते हैं। नयी कविता और उसके संस्करण 'साठोत्तरी कविता', 'समकालीन कविता' में कुछ शोर-शराबा, छटपटाहट, बहिर्मुखता आदि अधिक हैं, जबकि 'नवगीत' अंतर्मुखता, बेचैनी और संत्रास का एहसास देता है जो आज के निर्वासित मन की पीड़ा को समझने में अधिक सक्षम है। नवगीतकार ने सांस्कृतिक विच्छिन्नता को गंभीरता से उठाया है। जब गाँव अजनबी बन रहे हों, जब जीवन में सामूहिकता विनष्ट हो रही हो और राजनैतिक दाँवपेंच में पड़ा इंसान व्यक्ति बनने के चक्कर में 'काडवेल' के शब्दों में 'अकेला भेड़िया' बनने पर उतारू हो, जब आज के मानव-जंगलों में आदमी आतंकित और अकेला हो, उस समय टूटते-उजड़ते गाँव की सामुदायिक अवयवी जीवन की याद दिलाना एक बड़ा मानवीय प्रयास है।

मुक्तिबोध ने सही कहा था कि 'साहित्य प्रकाश ही प्रकाश है' लेकिन इस प्रकाश में सत्य के कणों को तलाशना पड़ता है और साहित्य का संतत्व सत्य के किसी पर्सपेक्टिव को भास्वरता और तीक्ष्णता से सुझाने में निहित है। नवगीतों को पढ़ने पर यह समझ बनती है कि वह काव्य पर एक सुसंगत परिप्रेक्ष्य सुझाता है जो जीवन की आलोचना का सही मार्ग प्रशस्त करता है। इस दृष्टि से गुलाब सिंह एक ईमानदार और दृष्टि संपन्न शीर्ष नवगीतकार के रूप में अपना स्थान बना चुके हैं। शिल्प की दृष्टि से भी नवगीतकारों की भारी भीड़ में गुलाब सिंह अपनी अलग पहचान बनाने में सफल हुए हैं, क्योंकि समाज में आए परिवर्तनों

की बात को वे सार्थक प्रतीकों के माध्यम से प्रभावपूर्ण बना देते है। और एक केंद्रीय प्रतीक के मार्फत अन्य वस्तुओं को भी प्रतीक में ही प्रस्तुत कर देते हैं। इस प्रवृत्ति के कारण उनके नवगीतों में संक्षिप्ति और दुर्लभ किस्म की अन्विति का गुण वर्तमान रहता है। अनुभव की व्यापकता और वस्तु-बोध का वैविध्य कवि को स्पृहणीय बना देता है। भाषा की दृष्टि से तो गुलाब सिंह विलक्षण हैं क्योंकि उनकी भाषा में प्रतीकों, मिथकों और सांकेतिक बिंबों के साथ मुहाविरों का सफल प्रयोग एक साथ उपलब्ध होता है। गुलाब सिंह का 'पानी परधान का' संदर्भित गीत बेहद चर्चित है–जिसमें ग्राम्य जीवन में आए बदलाव का तल्ख अनुभव व्यंग्य के रूप में पूरी शिद्दत के साथ अभिव्यक्त हुआ है। मुखिया को गाँव का 'मुख' और सरपंच को 'पेट' कहकर स्वार्थ परक परिवर्तन को संकेतित किया गया है। दरअसल आज के गाँव का यह कितना बड़ा सच है कि दूसरे की 'कटी नाक' की चर्चा में रस लेना ही जैसे लोगों का शगल बन गया है और दालान का छोटा-सा कोना ही दिल्ली बन गया है। इस संग्रह के उनके अंतिम गीत 'घाट से हटकर नहाना' शीर्षक गीत का सौंदर्य 'कंटेन्ट' के साथ-साथ उसकी बिंब-योजना में है। कहीं नदी के भीतर फैले हुए जाल और उससे जुड़ी अन्य वस्तुओं–बाँस पर बैठे परिंदों आदि का बिंब है तो कहीं विशिष्ट राजकुमारी द्वारा 'चार दाना' छींटने की बात कहकर 'आला दरबार' की ओर संकेत किया गया है।

इस प्रकार नवगीतकार गुलाब सिंह निश्चित रूप से साठोत्तरी गीतों के एक ऐसे रचनाकार हैं जिन्होंने गाँव की गरीबी, असहायता, राजनीतिक कशमकश और दाँवपेंच को नज़दीक से देखा है। उनका गाँव ताराशंकर बन्धोपाध्याय, रेणु या प्रेमचंद के गाँव से आगे बढ़कर आपातकाल का गूँगा और आपातकाल के बाद का अखाड़ेबाज, फितरती और क्रूर गाँव है जिसे उन्होंने एक संवेदनशील कवि की दृष्टि से देखा-परखा और अभिव्यक्त किया है। उन्होंने आंचलिकता का चित्रण तो किया ही है, चौराहे पर चमरौधा सीते सुद्ध काका की चीरकर रख देने वाली कातर दृष्टि को भी अपनी संवेदना का संस्पर्श दिया है। गाँव की राजनीति का खुलासा उनका प्रिय विषय है। यही कारण है कि उनकी बहुत-सी काव्य पंक्तियाँ मुहावरों जैसी ज़बान पर चढ़ गई हैं। जैसे–'गाँव मेरा लाठी और भैंस की कहावत है', 'मुखिया थे मुख से सरपंच हुए पेट से', 'महुवे नहीं मुकदमे फूले, लाठी फलें बगीचे' या 'नहर गाँव भर की है, पानी परधान का' आदि।

अमरनाथ श्रीवास्तव

परिचय

जन्म : 21 जून, 1937, बौरवाँ, जनपद—गाजीपुर, उत्तर प्रदेश।

रचना-काल : 1960 से अब तक

व्यवसाय : नैनी (इलाहाबाद) में जी. ई. सी. एल्स्थम नामक व्यावसायिक प्रतिष्ठान के लेखा-विभाग से अवकाश लेकर स्वतंत्र लेखन।

प्रकाशन : 1. गेरू की लिपियाँ (नवगीत संकलन), 1990

2. दोपहर में गुलमुहर (नवगीत संकलन) 1995

3. आदमी को देखकर (गज़ल-संग्रह) 2000 ई.

संकलित—1. नवगीत दशक-2 (संपादक : डॉ. शंभुनाथ सिंह)

2. नवगीत अर्द्धशती (संपादक : डॉ. शंभुनाथ सिंह)

3. गीत संचयन (साहित्य अकादेमी, दिल्ली)

पुरस्कार : 1. गेरू की लिपियाँ के लिए उत्तर प्रदेश हिंदी संस्थान लखनऊ का निराला नामित पुरस्कार।

2. दोपहर में गुलमुहर (नवगीत संकलन) के लिए उत्तर प्रदेश हिंदी संस्थान का निराला नामित पुरस्कार।

3. उत्तर प्रदेश हिंदी संस्थान का साहित्य-भूषण पुरस्कार 2003 में।

आत्मकथ्य के अंश

'एक सही कविता व्यक्ति के अंतर्लोक और उसके बाह्य परिवेश का साक्षी है। कविता इन्हीं संदर्भों में रचनाकार को समान धर्म देती है। यह रचना चाहे आर्थिक राजनैतिक दबाव के कारण बने, रचनाकार के बाह्य संसार की हो या मात्र आदमी होने के नाते उसके अपने निजी संसार की, लेकिन उसका कविता होना पहली शर्त है। इन दोनों संदर्भों में किसी अकवि को कवि होने की अनुमति नहीं मिलनी

चाहिए, चाहे वह 'नयी कविता' का कवि हो या गीतकार।'

' 'नवगीत' और 'नयी कविता' में शिल्प की भिन्नता होने के बावजूद कथ्य और उससे उत्पन्न लय में समानता है। 'नवगीत' में ललित गीतों की अपेक्षा भाषा और छंद का ऊबड़-खाबड़ होना स्वाभाविक है, लेकिन इस कमी को 'विचारों की लय' पूरा करती है। यह अनगढ़ शैली और शिल्पगत खुरदुरापन रचना को नयी चमक देता है। 'नवगीत' का उत्स मैं कबीर की 'उलटबाँसी' को मानता हूँ जो धर्म की आंतरिक आवश्यकता और धर्म के नाम पर बाह्याडंबर के बीच जनमती है।'

—नवगीत दशक-2 दृष्टिबोध से

संदर्भ एवं समीक्षा

अमरनाथ श्रीवास्तव नवगीत दशक-2 में संकलित एक यशस्वी कवि हैं। उन्होंने सातवें दशक में ही अपनी विशिष्ट छवि बना ली थी और अपने प्रथम संकलन (गेरू की लिपियाँ) के साथ ही नवगीत के एक प्रमुख हस्ताक्षर के रूप में स्थापित हो गए थे। उन्होंने अपनी रचनाओं में आज के विसंगत और विडम्बनापूर्ण आधुनिक समाज में जीने को विवश व्यक्ति की पीड़ा को बड़ी गहराई के साथ अभिव्यक्त किया है। उनका मूल स्वर जीवन की असंगतियों से फूटता है, क्योंकि असंगतियों की पीड़ा बहुस्तरीय होती है। उसके दंश को आम मध्यवर्गीय तो झेलता ही है, संवेदनशील चिति का आदमी कुछ ज़्यादा ही झेलने को अभिशप्त होता है। उदाहरण के लिए उनके गीत की निम्न पंक्तियाँ द्रष्टव्य हैं—

रक्तहीन चेहरे पर
संयम की शिकन बन गई गहरी चोट,
पूरा परिवेश बदल देते हैं
आतंकों को लम्बे कोट।
यातना-शिविर में हम मेमने
झेल रहे शैतानी दाँव,
जैसे बेबस चींटे को बच्चे
बैठाएँ काग़ज़ की नाव।

—गेरू की लिपियाँ

चींटे की बेबसी आज के उस आदमी की बेबसी है जो व्यवस्था की बच्चों जैसी काग़ज की नाव पर बिठा दिया गया है। उनकी चिंताकुलताओं को दूसरे गीतों की निम्नलिखित पंक्तियों में भी देखा जा सकता है—

घायल ट्यूबों वाले पहियों पर
ठहरा है अपना संसार।
कभी-कभी घण्टों खल जाती है।
हल्के-से कंकड़ की मार। —*गेरू की लिपियाँ*

× × ×

हम तो पैदल मुहरे
पहले थे, अब भी हैं,
लोग संगमरमरी विसात पर बिछाते हैं।

ऐसा लगता है जैसे कवि सारी विसंगतियों का भोक्ता बनकर व्यंग्य के साथ उस विस्मृत दुनिया की याद दिलाता है जो अपने पहले दौर में ही दुर्घटनाग्रस्त हो गई—

हम तो गूँगे मुलजिम
पहले थे, अब भी हैं,
लोग हमें देखकर सलीबें चमकाते हैं।
सधे-बँधे चेहरे हैं
व्यापारी दूतों के—
बेमानी हैं जंगल, मीठे शहतूतों के।
रेशम के कीड़े हम पहले थे, अब भी हैं—
लोग हमें उलझाकर
धागे सुलझाते हैं।

—*गेरू की लिपियाँ*

दरअसल अमरनाथ जी डॉ. अशोक त्रिपाठी के शब्दों में सकर्मक अवसाद के कवि हैं। जीवन-यथार्थ के अनुभूतिपरक बिंबों को उभारने में उन्हें अद्भुत सफलता मिली है। वे निपुण कलाकार हैं, उन सत्यों को उद्घाटित करने का सफल प्रयत्न करते हैं जो भ्रामक, मिथ्या और कृत्रिम रंग-क्रीड़ा में सीधे और भोली-भाली चिति वाले आदमी को छलने-डँसने तथा मर्माहत करने में अपना सानी नहीं रखते—

झेल रहा हूँ शोभा-यात्रा में
चलते हाथी का जीवन।
जिसके ऊपर मोती की झालर
लेकिन अंकुश का शासन।

यही नहीं, इस विडंबना को चित्रित करने में वे निजी तौर पर लाजवाब प्रतीक उठाते हैं और उसे मुहावरे में बदल देते हैं—

आकृतियाँ जाने कैसी-कैसी दिखती हैं
फिर चश्मे का नम्बर ग़लत हो गया शायद।
एक सान्ध्य जीवी अकुलाहट
मुझको तनहा पा जाती है
दिल की धड़कन सिगरेटों के
गोल धुएँ तक आ जाती है
जाड़े के मौसम में भी इस तरह पसीना,
अब तक का आडम्बर ग़लत हो गया शायद।

और कविता का अंत भी कितने अपघात मूलक अभिप्राय की ओर इंगित करता है—

अग्निकोण पर खंजन बैठा
जैसे मेरी अगवानी को।
असमय बूढ़े बच्चे-से दिन
तरस गए हैं नादानी को
जिस जहाज पर भव-समुद्र में मैं उतरा था
उस जहाज का लंगर ग़लत हो गया शायद।

इस प्रकार हम देखते हैं कि शहरी आदमी की नस्ल जिसकी ओर अज्ञेयजी ने भी इशारा किया था, नवगीतकारों की अभिव्यक्ति के केंद्र में है। वे अपने मौलिक बिंबों के सहारे शहर की आतंकित करने वाली आबोहवा की तरफ बार-बार हमारा ध्यान खींचते हैं। नवगीतकार अमरनाथ श्रीवास्तव इसके चित्रण में ज़्यादा संतुलित दिखते हैं। वे जीवन को कई कोण से देखते हैं और चूँकि नयी और सधी हुई अभिव्यक्तियों के धनी हैं, आधुनिक मनुष्य को यातना-शिविर में ही जीने के लिए अभिशप्त पाते हैं। यह सही भी है कि आम आदमी राजनैतिक शैतानियत का शिकार है और बेबस है। यूनानियों ने भी आदमी को क्रूर नियति के हाथों का खिलौना समझा था और शेक्सपियर ने दुष्ट देवताओं के हाथ का खिलौना पाया लेकिन नवगीतकार उसे राजनैतिक शतरंज के गोट के रूप में देख रहा है। दरअसल अमरनाथ श्रीवास्तव वर्तमान की विसंगतियों और उसके घातक प्रभावों को संजीदगी से महसूस करते हैं। गाँव के संदर्भ में उनकी इस पीड़ा को विशेष रूप से देखा जा सकता है। गाँव के प्रति उनका गहरा और भावुकतापूर्ण लगाव है। गाँव उनकी कल्पना का एक ऐसा संसार है जिसमें छल-छद्म, घात-प्रतिघात, अविश्वास और शोषण का कोई चिन्ह नहीं है। आत्मीयता और भाईचारा जिसके मानवीय संस्कार हैं। उनके इस गाँव को शहर धीरे-धीरे दबोच रहा है। शहर जो उनके लिए षड्यंत्र,

अमानवीयता, स्वार्थपरता और संवेदनहीनता का पर्याय है, गाँव को धीरे-धीरे आक्रांत कर रहा है। 'चौबारा बनाम कॉलोनी' का यह संघर्ष, जिसमें कॉलोनी से बिना लड़े 'चौबारा' हथियार डाल रहा है, अमरनाथ की कविताओं में एक टीस की तरह अनुभव किया जा सकता है—

चौबारे तक आयी कॉलोनी
भीतर तक दहल गया गाँव।
ख़ामोशी है उजड़े नीड़ की
लोग जिसे कहते एकांत।
कुछ का कुछ पढ़ते हैं भोर के
हवाख़ोर चेहरे संभ्रांत।
गर्म तवे जैसी हमदर्दी
दाने-सा उछल गया गाँव।

—गेरू की लिपियाँ, पृ. 110

× × ×

गाँवों तक जबड़े फैलाए
शहरों का इतिहास मिला है।

यही नहीं, 'मथुरा की भीगी शाम' छोड़ते जाने का अनुरोध भी उसी दहशत से पैदा हुआ है जहाँ शहरों का निर्माण गाँवों की लाश पर ही होता है। अपनापे और आत्मीयता के प्रतीक गाँव में बेमुरव्वती और दुश्मनी का बोलबाला कवि को चिंतित करता है। पारिवारिक संदर्भों और रिश्तों के बीच बढ़ती खाई के जरिए नव गीतकार हमें इस क्रूर सच्चाई से रू-ब-रू करता है। इस संग्रह में संकलित उनके बहुचर्चित गीत 'पीहर का बिरवा' की निम्नलिखित पंक्तियाँ इसका प्रामाणिक साक्ष्य प्रस्तुत करती हैं—

पीहर का बिरवा
छतनार क्या हुआ—
सोच रहीं लौटी
ससुराल से बुआ।
भाई-भाई फरीक
पैरवी भतीजों की।
मिलते हैं आस्तीन
मोड़कर कमीज़ों की।
झगड़े में है

महुआ डाल का चुआ।

—गेरू की लिपियाँ, पृ. 95

'गेरू की लिपियाँ'—1990 के पाँच वर्षों बाद छपा अमरनाथ जी का दूसरा नवगीत संकलन 'दोपहर में गुलमोहर' उनकी काव्य-यात्रा का दूसरा पड़ाव है। अगर कथ्य, शिल्प, भाषा एवं संवेदना की लयात्मक अन्विति का नाम 'कविता' है तो निश्चित रूप से 'दोपहर में गुलमोहर' अमरनाथ जी की काव्य प्रतिभा का सच्चा साक्ष्य है। समकालीन कविता को विद्वानों ने 'कालांकित कविता' के नाम से व्याख्यायित किया है। समकालीन गीत यानी 'नवगीत' इस कालांकन को थोड़ा अधिक लयात्मक, गेय, बिंब प्रतीक बहुल और इस प्रकार कुछ अधिक काव्यात्मक बनाता है। 'नवगीत' की संवेदना में संघर्ष का पौरुष नहीं है, बल्कि उसमें असह्य को सहते जाने की विवशता से उत्पन्न बेचैनी और पीड़ा का तीखा एहसास है। 'गेरू की लिपियाँ' में संकलित गीत 'गुर्राहट जंगल की' पृष्ठ 19 में इस त्रासद मानवीय स्थिति का तल्ख़ चित्रांकन है—

पेड़ों की दुनिया है। जंगल की सत्ता,
हर आहट भाँप रहा है पत्ता-पत्ता।
सुस्ताने बैठे हैं
हिरनों के जोड़े।
गुर्राहट जंगल की
मार रहे कोड़े।
कस्तूरी मृग, ठहरा जन्म का निहत्था।

संक्रमण के क्षणों में अतीत-मोह, उदासी और मोह-भंग सामान्यतया पारंपरिक तबकों से आयी कविता के उपजीव्य हुआ करते हैं। 'नवगीत' का भी यह एक प्रतिनिधि भाव-तत्त्व है जो अमरनाथ जी की कविताओं में अत्यंत कलात्मक अभिव्यक्ति पाता है—

फल भले आयें, न आयें/काटते बनती नहीं
हरी डाली आम की/
छाँह में जिसके पली हैं
गाँव की, घर की प्रथाएँ/
देवता विश्राम पाते/
साँस लेती हैं कथाएँ/
जब नहीं अक्षर बने थे,
हैं तभी से

पट्टिका यह कुल-पुरुष के नाम की।

—दोपहर में गुलमोहर, पृ. 30

गाँव-घर की अप्रासंगिक होती, टूटती प्रथाओं एवं प्रतीकों के प्रति यह मोह 'नवगीत' का अपना ग्राम-बोध है जो कवि को शहर में अजनबी एवं बेचैन बनाए रखता है। इन्हीं स्मृतियों की डोर थामे पितामह सरीखा गाँव, लड़खड़ाता ही सही, अभी नवगीत में जीवित है। यह कहना सर्वथा सही नहीं है कि कवि की संवेदना 1995 में भी वहीं हैं जहाँ वह 1990 में थी। कवि के मिजाज़, उसकी जीवन-दृष्टि में थोड़ा अंतर आया है। 'गेरू की लिपियाँ' और 'दोपहर में गुलमोहर' शीर्षक ही अपने में इस अंतर को स्पष्ट करते हैं। 1990 में जीवन 'कच्ची दीवारों' पर 'गेरू की लिपियों' जैसा था जिसके मांगलिक उमंग को यथार्थ की तेज़ बौछारें मिटाने में सर्वथा समर्थ थीं। लेकिन 'दोपहर में गुलमोहर' में 'आपसी अनुमान की मुस्कान' है। अभिलाषाओं की रस्सियों के 'अनरचे पुल' हैं, मासूम, किलकती, दुधमुँही भाषा है, और जीवन संभावनाओं से भरा लगता है। आश्चर्य नहीं कि जहाँ 'गेरू की लिपियाँ' की कविताओं में व्यंग्य, विडम्बना, विसंगति आदि का भाव मुखर था, 'दोपहर में गुलमोहर' में आत्म विभोर उल्लास, उमंग और ऊर्जा के अनेक क्षण हैं—

स्थगित हैं द्वंद्व सारे/स्थगित सारे प्रभंजन
हैं शरद ऋतु के लिए/शुभ कोंण आए अतिथि खंजन,
इन क्षणों के पार देखेंगे...

—दोपहर में गुलमोहर, बात करेंगे कल, पृ. 39

गीत-विधा में भावुकता मुखर हुआ करती है। 'नवगीत' भी इसका अपवाद नहीं है। लेकिन नवगीतकारों में अमरनाथ श्रीवास्तव इस मानी में विशिष्ट हैं कि उनकी आत्माभिव्यक्ति 'संयम की साँकल' में बँधी एक कलात्मक दायरे में बनी रहती है। यानी कि अमरनाथ जी की रचनाएँ हमेशा एक सावधान, शालीन एवं नागर तराश वाले कवि-कलाकार का बोध कराती हैं। इनके यहाँ सहजता बहुत कम है, बहुत कुछ संयोजित और सोचा-समझा है। अतः भाव-पक्ष थोड़ा दबा-दबा और कला-पक्ष मुखर है। संकलन की अंतिम कविता 'इलाहाबाद में यमुना' इसका एक अच्छा नमूना है। आश्चर्य नहीं कि अमरनाथ जी के इस संकलन में व्यथा तो है लेकिन बौखलाहट नहीं है।

तल बिल्कुल शांत है और कविताओं में प्रगाढ़ अभिव्यंजना है। पूरे संग्रह में ढेर सारी पंक्तियाँ सोचने को विवश करती हैं। उदाहरण के लिए 'जहाँ जंगल बोलता है,' पृष्ठ 46, 'स्वाभिमान कैलाश शिखर-सा', पृष्ठ 4, 'चार्वाक दिन आए मीठे संबोधन के,' पृष्ठ 48, 'वर्ण भले बदले हों, सूत्र वही माला है,' पृष्ठ 49, 'तितलियों

की उड़ रहीं संभावनाएँ' आदि।

निष्कर्ष यह कि 'दोपहर में गुलमोहर' और पूर्ववर्ती 'गेरू की लिपियाँ' संकलन अमरनाथ जी को एक वज़नदार नवगीतकार के रूप में प्रस्तुत करते हैं और यह एहसास कराते हैं कि कवि ने 'नवगीत' को एक प्रौढ़ कलात्मक आयाम दिया है जिसके बिना कविता टिकाऊ नहीं होती।

श्रीकृष्ण तिवारी

परिचय

जन्म : 8 अगस्त, 1939।

जन्म-स्थान : चेतगंज, वाराणसी, उत्तर प्रदेश।

शिक्षा : स्नातक।

व्यवसाय : पत्रकारिता एवं स्वतंत्र-लेखन।

रचना-काल : 1955 से अब तक।

प्रकाशन : सन्नाटे की झील (नवगीत संकलन) 1981

संकलित : 1. नवगीत दशक-2 (संपादक : डॉ. शंभुनाथ सिंह)

2. नवगीत अर्द्धशती (संपादक : डॉ. शंभुनाथ सिंह)

पुरस्कार : 1. डॉ. शंभुनाथ सिंह नवगीत पुरस्कार

2. साहित्य भूषण 2003 उत्तर प्रदेश हिंदी संस्थान, लखनऊ।

आत्मकथ्य के अंश

'भाग-दौड़ और व्यस्तताओं के बीच से गुज़रती हुई ज़िंदगी से जुड़ी सामाजिक, राजनीतिक और आर्थिक विसंगतियों में संतुलन की ईमानदारीपूर्वक तलाश का ही नाम 'नवगीत' है। वस्तुतः 'नवगीत' आधुनिक हिंदी कविता का नवीनतम और टटका संस्करण है।'

'वस्तुतः छंद को नकारती 'नयी कविता' उस आयातित कलमी पेड़ की तरह थी जिसके पोषण के लिए भारतीय जलवायु अनुकूल नहीं थी। फलतः उसका हरापन अधिक दिनों तक टिक नहीं सका, किंतु 'नवगीत' का पौधा भारतीय काव्य-भूमि के रस से पनपा होने के कारण नवीनतम परिवेश की ऊष्मा और ठंडक पीकर दिन-ब-दिन लहलहाता गया। यह पौधा अपने हरेपन का विस्तार करता हुआ अब ऐसा वृक्ष हो गया है जिसके कंधों पर सूर्य तपता है और चंद्रमा गलता है।

—नवगीत दशक-2 के 'दृष्टिबोध' से

संदर्भ एवं समीक्षा

श्रीकृष्ण तिवारी समकालीन राजनीति और समाज के अंतर्विरोधों को पूरी सामर्थ्य के साथ अभिव्यक्त करने वाले नवगीतकार हैं। वे साठोत्तरी पीढ़ी की चर्चित तिवारी-त्रयी (श्रीकृष्ण तिवारी, माहेश्वर तिवारी, उमाशंकर तिवारी) के महत्त्वपूर्ण हस्ताक्षर हैं। उन्होंने मध्यवर्गीय शहरी जीवन की विसंगतियों का सुंदर चित्रण अपने गीतों में किया है। 'सन्नाटे की झील' उनके इसी नाम के संकलन की प्रमुख कविता है जिसमें जीवंत बिंबों के माध्यम से दीवारों पर तितलियों के टूटे पंख चिपकाने वाले अनदेखे हाथों की उपस्थिति को गहराई से महसूस किया गया है। अपनी हस्ताक्षर कविता (सिगनेचर पोएम) 'भीलों ने बाँट लिए वन, राजा को ख़बर तक नहीं' में कवि ने भारतीय राजनीति में ऐतिहासिक मोड़ उत्पन्न करने वाली आपात्काल की घटना को 'मुसहरों के बन बाँट लेने वाले' मुहावरे से जोड़कर देखा है। 'मीठी लगने लगी नीम की पत्ती-पत्ती/लगता है यह दौर साँप का डँसा हुआ है' शीर्षक गीत में आज के पूरे दौर के ज़हरीलेपन को परिभाषित किया है। हरे पेड़ में ठंडी आग सुलग रही है। धुएँ के आगोश में पूरा आकाश कसा हुआ है और आबोहवा पूरी तरह बदली हुई नज़र आ रही है। उनका एक और चर्चित तथा इस संग्रह में संकलित गीत 'सोया है थका हुआ प्यार' कहीं से रोमानी नहीं लगता। उसमें थके हुए प्यार की सोई हुई मुद्रा को उकेरा अवश्य गया है लेकिन सर्द हवा के साथ सिर धुनने का बिंब संदर्भ इतना ताज़ा और यथार्थ है कि गीत पर 'नवगीत' की प्रामाणिकता की मुहर लगा देता है।

दरअसल श्रीकृष्ण तिवारी शुद्ध रूप से राजनीतिक चेतना के कवि हैं। उनकी संवेदनशीलता समकालीन परिदृश्यों, राजनीतिक और सामाजिक परिस्थितियों के बीच निरंतर जागरूक रहती है। भारतीय राजनीति में घटने वाली घटनाओं के प्रति अपनी निर्भीक काव्य-प्रतिक्रिया देने वाले वे प्रमुख नवगीतकार हैं, आज के दौर में राजनीतिक घात-प्रतिघात के कारण लोग-बाग इतने संवेदनशून्य हो गए हैं कि उन्हें साँप के डँसने पर भी ज़हर का एहसास नहीं होता। परिणामस्वरूप गाँव और शहर जंगल बनते जा रहे हैं। रंग और गंध का एहसास तक जीवित नहीं बचा है, सभी ओर अत्याचार, अनाचार और परपीड़न का नंगा नाच हो रहा है, मानों आदमी कत्लगाह में पहुँच गया है। नगरों और महानगरों में यह स्थिति चरम छोर तक पहुँच गई है।

कत्लगाह तक लाकर छोड़ गई
मुझको इस शहर की हवा।

चढ़ी उमर-सी पक्की सड़कों ने
माँझी-से मन की हर गंध लूट ली।
लाल, हरी, पीली रोशनियों में
तन की परछाईं तक छूट ली।
तेज़ धार दुपहर की धूप में
छोड़ गई मुझको इस शहर की हवा।

—शहर की हवा : सन्नाटे की झील

'सन्नाटे की झील' में इस प्रकार के गीतों की बहुतायत है क्योंकि शहरों की ज़हरीली ज़िंदगी के सभी आयाम यहाँ उद्घाटित होते हुए-से दिखते हैं। दरअसल समकालीन जीवन की विसंगतियों एवं राजनीतिक अंतर्विरोधों पर कवि की दृष्टि केंद्रित है। एक तरह से यह उसका 'भोगा हुआ यथार्थ' है जिसे उसने लोक-प्रतीकों, लोक-भाषा के मुहाविरों और लोकोक्तियों के माध्यम से व्यक्त किया है। इस संग्रह में संकलित उनकी प्रतिनिधि कविता 'भीलों ने बाँट लिए बन' की निम्न पंक्तियाँ इसका प्रमाण प्रस्तुत करती हैं—

भीलों ने बाँट लिए वन
राजा को ख़बर तक नहीं।
पाप चढ़ा राजा के सिर
दूध की नदी हुई ज़हर।
गाँव-नगर धूप की तरह
फैल गई यह नयी ख़बर।
रानी हो गई बदचलन
राजा को ख़बर तक नहीं।
एक रात काल देवता
परजा को स्वप्न दे गए।
राजमहल खँडहर हुआ
छत्र-मुकुट चोर ले गए।
सिंहासन का हुआ हरण
राजा को खबर तक नहीं।

—सन्नाटे की झील

इस गीत की व्याख्या करते हुए 'नवगीत : संवेदना और शिल्प' के पृष्ठ 49-50 पर डॉ. सत्येंद्र शर्मा ने ठीक ही लिखा है कि 'इस नवगीत में 'पोखर' और 'परजा' को छोड़कर शेष शब्द-योजना परिनिष्ठित खड़ी बोली की है लेकिन इसकी

कथन-भंगिमा या लोकोक्ति मूलक अभिव्यंजना ऐसी है जो इसे अधिक ग्राह्य और प्रभावशाली बनाती है। पूरी रचना ग्राम्यांचलों के जुड़ने वाले चौपालों में सभासदों के परस्पर वार्तालाप और रहस्योद्घाटन की मुद्रा में है। पहले बंद में पाप और पुण्य की लोक-परिभाषा, दूसरे में सामंती चरित्र का ह्रास और उसका पर्दाफाश, तीसरे में लोकविश्वासी उलटबाँसी के माध्यम से राज्य की दुर्दशा और अंतिम पद में लोक-रूढ़ि-कथन के जरिए सामंती व्यवस्था के चरमराकर नष्ट हो जाने की बात कही गई है। लोक-भंगिमा के कारण शब्दों का ध्वन्यार्थ विस्तारित हुआ है और रचना की ध्वन्यार्थी लहर काल-सीमा का अतिक्रमण कर समकालीन व्यवस्था के छोरों को छूने लगती है।'

निष्कर्ष यह है कि श्रीकृष्ण तिवारी ने राजनीतिक दंश से तिलमिलाते हुए एहसास, सामाजिक अंतर्विरोधों के भोगे हुए यथार्थ और इन सबके माध्यम से समूचे युग के संत्रास को नयी लयवत्ता के साथ अभिव्यक्त किया है। लेकिन ऐसा नहीं है कि कवि के पास अंतरंग क्षण या गुनगुनाती ज़िंदगी की कोमल अनुभूतियाँ नहीं हैं। उनकी 'फागुनी हवा', 'एक रंग-पाँच फूल-सात पाँखुरी', 'ओ मेरी यादों की मेनका, आज फिर सँवार गई तुम', 'धूप में दर्पण न रखना' आदि कविताएँ ऐसी हैं जिनमें जीवन की हरीतिमा और ऊष्मा को व्यंजित करने वाले भाव-विह्वल क्षणों को भी बाँधा गया है। युग के उत्पीड़न, झूठ और फरेब, आतंक और स्वार्थपरता के तीखे बोध के बावजूद गीतकार अहम् की दीवार को तोड़कर आदमी से आदमी को जोड़ने का प्रयास करता है। प्रसिद्ध समीक्षक डॉ. विश्वनाथ प्रसाद के शब्दों में 'परिवेश के सन्नाटे को गीतकार ने लोक रंग से भरा है। अंदर और बाहर का अंतर्विरोध तो है लेकिन इस अंतर को वह प्रकृति के प्रतीकों से ढँकने का प्रयास करता है। खंड-बिंबों एवं प्रतीकों से उसकी सौंदर्य-चेतना जुड़ी हुई है। वस्तुतः सांकेतिकता उसकी गीत-चेतना का वैशिष्ट्य है। भाषा भले ही लोकरंग से रँगी हो, उसकी बुनावट का साँचा सांकेतिक होता है। राजनैतिक विसंगति और सामाजिक अंतर्विरोध को बहुत से नवगीतकारों ने अभिव्यक्त किया है किंतु श्रीकृष्ण तिवारी की अभिव्यक्ति में जातीय संदर्भ, प्रतीक और अप्रस्तुत उभरकर आते हैं और रचना को बेधक बना देते हैं।'

—'सन्नाटे की झील' की भूमिका से

कुल मिलाकर यदि 'सन्नाटे की झील' के नवगीतों की विवेचना का निष्कर्ष ढूँढ़ा जाय तो इतना अवश्य लगता है कि दूसरों की अपेक्षा श्रीकृष्ण तिवारी में विडंबनाओं का दंश अधिक गहरा है और इसीलिए उनकी अभिव्यक्तियाँ युग-संदर्भ को प्रामाणिक रूप से प्रस्तुत करने वाले दस्तावेज का रूप धारण कर लेती हैं। संग्रह की शीर्षक कविता 'सन्नाटे की झील' (जिसे अंतिम कविता के रूप में संकलित किया गया

है) में युग की विसंगति, 'कैसे हैं लोग' में सामाजिक अंतर्विरोध, 'सूर्यमुखी मंत्र' में युग के निर्मम उत्पीड़न से रिक्त होते जीवन-संदर्भ, समय के दबाव में झूलते हुए ग्रामीण जीवन के मूल्य, 'एक निष्क्रिय दिन' में ख़ालीपन के बीच अच्छे मूल्यों को लौटा लाने की ललक, 'यह अकेलापन' में स्वयं की आवाज़ से भी उत्पन्न बेचैनी, 'स्थिति-बोध' में नेतृत्व का भटकाव, 'वक्त की धारा' में अंतर्विरोधों में भटकते युग के नए प्रश्न, 'जुलूस' में नपुंसक विरोध की तीखी प्रतिक्रिया, 'अब भी' में मौन विद्रोह, 'यही बेहतर' में चतुर्दिक पागलपन की अनुभूति, 'कसे हुए लोग' में विक्षुब्ध परिवेश, 'प्रतिक्रांति' में संघर्ष की उत्प्रेरकता और 'इंतेज़ार' में नए नेतृत्व की प्रतीक्षा है। यही नहीं, आस-पास के सहज और परिचित बिंबों के प्रयोग से श्रीकृष्ण तिवारी ने अपने गीतों को अर्थवान, प्रेषणीय और प्रभविष्णु बनाया है। सामाजिक और राजनैतिक जीवन में शोषण और भ्रष्टाचार पर आश्रित रहने वाले लोगों को वह 'शीशे का घर' कहते हैं–

जब तक यह शीशे का घर है,
तब तक ही पत्थर का डर है।
हर आँगन जलता जंगल है
दरवाज़े साँपों का पहरा।
बहती रोशनियों में लगता
अब भी अँधेरा कहीं ठहरा
जब तक यह बालू का घर है
तब तक ही लहरों का डर है।

–शीशे का घर : सन्नाटे की झील

इसी तरह यथार्थ जीवन के कटु-तिक्त प्रसंगों को वह जनता की पीड़ा और आम आदमी का दर्द समझकर प्रामाणिक रूप से अभिव्यक्त करते हैं–

सुबह-शाम कसमसा रहे
अपने ही बुने जाल में
फँसे हुए लोग।
खण्ड-खण्ड आसमान को
झेल रहे गाँव और शहर।
सर्पदंश से भरी हवा
हर कहीं उगल रही ज़हर।
पोर-पोर टूट रहे हैं
पंजों में अफवाहों के

कसे हुए लोग।

—कैसे हैं लोग : सन्नाटे की झील

निष्कर्ष यह है कि श्रीकृष्ण तिवारी नवगीतकारों की दूसरी पीढ़ी के समर्थ और सजग रचनाकार हैं। उनका संवेदन सच्चा है और अनुभूतियाँ प्रामाणिक। 'आत्मकथ्य के अंश' के रूप में नवगीत दशक-2 के 'दृष्टिबोध' के अंतर्गत दिया गया उनका वक्तव्य उनकी रचनाओं के अंतःसाक्ष्य से इस बात की पुष्टि करता है।

o o o